素描李苦禅

红梅怒放春声近淡墨
风竹苍鹭宠古木沐溪群
鱼逸蕉鸟迢后江千月

辛卯夏日
李岚清

"百年巨匠"素描／李岚清 绘

《百年巨匠》编委会

总顾问：蔡　武　胡振民　龚心瀚　王文章

顾　问：王明明　沈　鹏　吕章申　苏士澍

　　　　尚长荣　濮存昕　傅庚辰　莫　言

主　任：张自成

编　委：张广然　何　洪　周　成

主　编：刘铁巍

编辑组：张　玮　孙　霞　许海意　张晓曦

　　　　王　媛　张朔婷　陈博洋

百年巨匠
Century Masters

李苦禅

孙燕华 ◎ 著

文物出版社

图书在版编目（CIP）数据

李苦禅 / 孙燕华著. -- 北京：文物出版社，2023.2
（百年巨匠 / 刘铁巍主编）
ISBN 978-7-5010-7905-6

Ⅰ. ①李… Ⅱ. ①孙… Ⅲ. ①李苦禅（1899-1983）-传记 Ⅳ. ①K825.72

中国国家版本馆CIP数据核字(2023)第014742号

百年巨匠·李苦禅

著　　者	孙燕华
总 策 划	刘铁巍　杨京岛
责任编辑	陈博洋
封面设计	子　旃
责任印制	张　丽
责任校对	陈　婧

出版发行	文物出版社
社　　址	北京市东城区东直门内北小街2号楼
邮　　编	100007
网　　址	http://www.wenwu.com
制版印刷	天津图文方嘉印刷有限公司
经　　销	新华书店
开　　本	710mm×1000mm　1/16
印　　张	15
版　　次	2023年2月第1版
印　　次	2023年2月第1次印刷
书　　号	ISBN 978-7-5010-7905-6
定　　价	75.00元

本书版权独家所有，非经授权，不得复制翻印

宣传巨匠推广大师 为时代树立标杆

蔡武

文化部原部长 《百年巨匠》总顾问

文化精品创作工程包括重大出版工程、影视精品工程。《百年巨匠》就是跨界融合的一个重大文化工程，它深具创意，立意高远，选题准确、全面，极富特色，内容精彩纷呈，内涵博大精深，基本涵盖了我国20世纪这一特定历史时期在文学艺术方面的成就及其代表人物。它讲述的不仅仅是各位巨匠的传奇人生，更是他们的文学艺术成就同民族、国家，同历史、文化，同当代世界，同20世纪风云激荡的年代，以及同人民的命运都是紧密相连的。他们的成就对整个社会产生了重要而深远的影响。因此，立足21世纪的当今，系统全面科学解读巨匠人生与大师艺术，有着特殊而积极的意义，是社会和时代的要求。

作为一个有影响力的文化品牌，《百年巨匠》的表现形式也是多样的。《百年巨匠》丛书和纪录片互动互补，是出版界与影视界的跨界合作与融合发展，形成了叠加影响和联动效应，进一步丰富和扩大了品牌的内涵和外延。在信息社会"四屏"时代，用这样的一种方式来表达重大深刻的主题，具有重大的创新意义，是对中华优秀文化传承发展进行创造性转化、创新性发展的成功探索。体现出强烈的历史感、时代性、民族性，具有鲜明的中国特色，必将产生深远的影响。

　　一个民族自立于世界民族之林，离不开民族的自信心与自尊心。而民族的自信心和自尊心有其思想基础和人文轨迹，即对民族文化的重要代表人物和优秀传统应当有比较全面的了解并进行广泛传播。一个国家的历史需要记录，文化艺术同样如此。《百年巨匠》丛书秉承文献性、真实性、生动性原则，客观还原大师原貌，以更为宏阔的历史维度对大师们所经历的时代给予不同视角的再现和解读，为读者开启一扇连接20世纪中国近现代文化艺术史的大门。

　　巨匠们的艺术成就、人生经历、精神高度，彰显了中华民族文化在这个时代所能达到的高度，不仅有文学艺术上和文化史上的价值，而且有人文思想美学上的划时代性贡献。《百年巨匠》可以增强我们的文化自信和实现中华民族伟大复兴的意志。

　　《百年巨匠》还有一个重要意义，它能够激励我们后来人砥砺奋进，勇攀高峰。这些文化艺术巨匠有着深厚的爱国情怀和强烈的民族责任感，他们将个人荣辱兴衰与国家、民族命运联系起来，用文化艺术去改变现实，实现理想。在新旧道德剧烈冲撞中，他们所表现出来的高风亮节是后来人的楷模。他们所传导出的强大正能量，会激励一代又一代广大读者，对促进我们整个民族新一代的教育与成长，有着非常重要的启迪意义。他们的精神是引领和鼓舞我们再出发的航标与风帆。

　　《百年巨匠》也给了我们很多的启示，可以帮助我们回答和破解"钱学森之问"。20世纪产生了那么多的大师，新世纪、新时期我们应该如何助推产生出新的大师？这些巨匠的成长轨迹给我们揭示了大师们成长的规律，如要深具家国情怀，要胸怀高远理想；要深深扎根于人民，与人民同呼吸共命运；既继承民族优秀传统文化，又要勇于创新；并以非常包容的心态去拥抱一切文明成果等。

《百年巨匠》仅反映了20世纪百年的文化形态和人文生态，我们应该把这个事业延续下去，面向21世纪。对艺术大师的发掘是通过他们的作品来体现的，而他们的作品既是中华文化的传承，又进一步丰富、创新了中华文化的构成。从这个意义上讲，宣传这些艺术巨匠就是弘扬中华文化。这些艺术巨匠作为中国名片，拥有较强的国际影响力，这一工程的推进，可以有效推动中华文化和中国出版走出去。不仅仅局限于艺术领域，还可以从广度上、外延上扩大至整个文化领域，甚至把科技、教育等领域的巨匠们也挖掘展示出来。

一个国家文化事业的繁荣与发展，既需要广大艺术家的努力，也需要大师巨匠的引领。宣传巨匠，推广大师，为时代树立标杆，无疑是我们责无旁贷的历史责任。巨匠之所以是巨匠，大师之所以能成为大师，是因为他们以具有强烈时代感和创新精神的作品站在了巅峰。而他们巨作的背后，是令人钦佩的工匠精神，这种工匠精神的发掘和弘扬在当下具有重要的现实意义。同时，这百年的文学艺术史已有的众多成果，从学术上也要系统总结。而长期以来一直困扰我们的一大难题，就是如何把这些重要的学术研究成果进行转化和再创造，使之成为可被大众接受、雅俗共赏的精品佳作。从这个意义上讲，《百年巨匠》丛书的出版也是非常值得赞许的。

当前，我们的文化艺术事业虽然取得了长足的进步，但是相对于时代的重任，人民的厚望，尚有作品趋势跟风、原创性匮乏、模仿严重等问题，希冀大家在《百年巨匠》作品中得到更多的启迪和感悟。

我们国家正处在重要的历史时期，为我们文艺创作提供了丰沃的土壤和广阔的空间。中华民族的伟大复兴，呼唤一切有为的文艺工作者，为繁荣中国特色社会主义文化、建设社会主义文化强国，奉献毕生的才华和创作热情，将高度的社会责任感和历史使命感化作文艺创作的巨大动力，创作出无愧于时代、无愧于祖国和人民的优秀文艺作品，让我们这个时代的文艺创作异彩纷呈，光耀世界。

目 录

第一章　高唐走出个李苦禅　　　　　/ 1
　　农耕文明的滋养　　　　　　　　　 / 2
　　大运河的抚育　　　　　　　　　　 / 11
　　初闯京城的收获　　　　　　　　　 / 18
　　燃起的爱国精神　　　　　　　　　 / 24

第二章　选定自己的目标　　　　　　/ 33
　　拜师齐白石先生　　　　　　　　　 / 34
　　画民众喜欢的画　　　　　　　　　 / 40
　　求索在西子湖畔　　　　　　　　　 / 54

第三章　"所谓人格，爱国第一"　　 / 63
　　回到京城 重新起步　　　　　　　　/ 64
　　豁出性命斗上村　　　　　　　　　 / 76
　　隐蔽的柳树井2号　　　　　　　　　/ 82

第四章　绘画与教育的稳定期　　　　　/ 91
　　　毛主席关照"老同学"　　　　　　　/ 92
　　　溯源受教与施教　　　　　　　　　/ 98
　　　推陈出新不离根本　　　　　　　　/ 114

第五章　苦禅先生的最后七年　　　　　/ 121
　　　致力传承与发扬　　　　　　　　　/ 122
　　　以创作抒写时代　　　　　　　　　/ 132

第六章　艺术当随时代　　　　　　　　/ 143
　　　在绘画中讲述哲学　　　　　　　　/ 144
　　　拓展绘画的新意境　　　　　　　　/ 163

第七章　众人眼中的苦禅先生　　　　　　　　　　／ 193

结　语　　　　　　　　　　　　　　　　　　　／ 225

参考书目　　　　　　　　　　　　　　　　　　／ 227

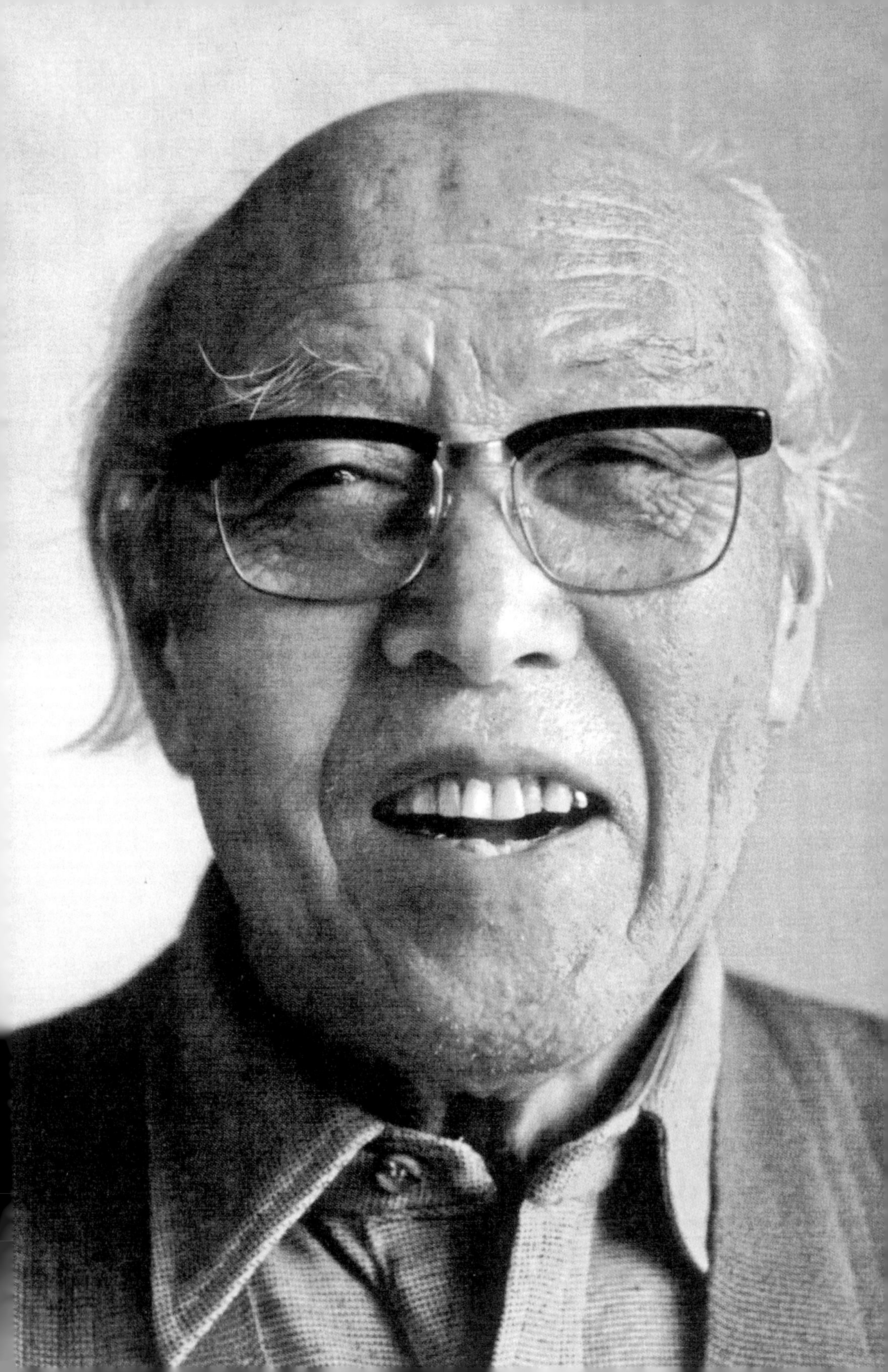

第一章　高唐走出个李苦禅

十九世纪中国北方农村是和贫困绑在一起的，尤其鲁西平原更是贫穷，李苦禅就出生在高唐县马颊河畔的李奇庄。没有书香门第的背景，没有殷实平静的家境，鲁国遗存的淳朴民风，百姓们彪悍的性格造就了他。就在这样一条起跑线上，他开始了自己的人生。

农耕文明的滋养

19世纪的中国北方农村，是和贫穷绑在一起的，世世代代生活在这方土地的人们，终年辛勤劳作，有着淳朴的信仰和简朴的生活。

鲁西平原的高唐县有个平坦、开阔的村落，据说是一位名叫李奇的前辈迁至此地定居，一代代繁衍生息形成的，故而定名为李奇庄。李奇庄的村民们最崇敬的是关公，村边有座不知初建于何时的关帝庙。百姓们接续守护着关公的灵位，不断地重绘庙宇、再塑金身，希望这位"武圣人"能够护佑着他们。

戊戌年的年尾（1899年1月），李苦禅就出生在这个马颊河畔的村庄。论辈分，他排在"英"字上，名为英杰。童年时的小英杰赶上了一次关帝庙的重修，用现在的话说，这是他人生中的第一次"美育幼教"。他天天跑过去，看着本家李宾爷爷怎么带着工匠们干活。长辈们呵斥说："可别叫塑神像的摄了你的魂儿去！"据说艺人们一旦把谁的模样作为塑像的依据——现在叫"模特儿"，就会摄走谁的魂儿，这倒成了管束孩子的绝招。但英杰听后愣愣地摇摇脑袋，似乎一点儿也不怕，还是在工匠们的身边转来转去。李宾爷爷看着他那憨厚的样子，很是欢喜，一问才知道，他是比自己还穷的本家侄子李名题的儿子。

英杰从小爱看画，每每见到年画、门神爷、灶王爷、风筝、窗花，就盯着瞅，还经常弄个小树枝在土地上仿画。等他稍微大一点儿，能帮着大人们干点小农活了，一有空闲就拿本旧书找识字的先生们去请教。"这孩子长大了一定有出息！"李宾爷爷拍着他的肩膀对工匠们说。这么一夸，英杰就有了在关帝庙里"打杂"的机会。他看着工匠们怎么给神像扎架子——先糊上草泥，再贴上一遍细泥，等泥干了，他们开始打磨抛光，初上底色，后着色彩，再贴金上银、开脸……这一遍遍的劳作让英杰大开眼界。他还认识了这个叫周仓、那个叫关平，他俩守在关老爷身边可真威风！大殿四周一面面的粉墙上，刀马人物、山川林木、云水岚烟，在画师们的精心描绘下也慢慢清晰起来，真是太奇妙了！英杰仔细地看着他们描摹行笔、着色勾勒，对其中一些神奇的技巧惊诧不已。尤其是李宾爷爷画的关公斩颜良的场景：威严的青龙偃月刀刚一落下，颜良的脑袋霎时飞了出去！让英杰大感惊异的是虽然头身分离，两眼竟然还狠狠地瞪着关公呢！这种民间艺人继承下来的不知道传了多少辈的"超越时空"的手法，让英杰朦朦胧胧地知道了，原来"故事中的人物还可以这样画呢"！这时他又见李宾爷爷口衔芦管，吸了点儿粗瓷大碗里的红颜色水，朝关公手持的大刀刀口和颜良的头上一喷，顿时如血溅了一般！英杰先是吓了一跳，待醒过味儿来，又连连拍手叫好："真像！"墙上的画儿画完了，关老爷、关平、周仓的塑像也都摆放在各自的位置上，可是他们的眼睛全是白的——有眼无珠。英杰又不明白了，忙问李宾爷爷，老人只说了句："等着开光呢！""开光？"英杰期待着……

关帝庙终于重修完毕。老乡们如同过年一样，扎起了彩子，搭了个大戏台，听说为了给重修关公庙开光，还要连演三天大戏，大人小孩全盼着呢！开光那天，十里八乡的人都来了，英杰挤到最

关公像（资料图）

前头，想看看什么是"开光"。这可是神圣的一刻啊，全场肃静，人们屏息站立，只见一位慈眉善目的长者蹬上梯凳，至诚地为塑像一一擦去眼珠上的大白，像施展法术似的，瞬间露出了黑琉璃的眼球——刹那间神光炯炯，普视众生。老乡们鼓掌喝彩，英杰和孩子们蹦着高儿地喊叫着："开光喽，开光喽！""关老爷来喽！"在震天动地的锣鼓声中，大台子戏也开了场。英杰忙不过来了，又钻到戏台边儿上，扒着布围子窥着后头，只见唱戏的人一个个也变成了"塑像"的威武模样，锣鼓点一响，就真刀真枪地在台上唱念做打起来。他们唱的就是壁画里的三国故事：关老爷、刘皇叔、猛张飞"桃园三结义"，虎牢关"三英战吕布"……英杰想起李宾爷爷在墙上画他们的时候还说："在这儿关公得骑白马，当时赤兔马还在吕布胯下呢！兄弟们失散后，关公在屯土山约三事时说'降汉不降曹'，曹操为讨好他，关公才有幸得到赤兔马。到后来斩颜良诛文丑，挂印封金，千里走单骑，过五关斩六将，古城会兄弟重逢；再后来他又随兄长三顾草庐访孔明，华容道义释曹操，单刀赴会，刮骨疗毒……"李宾爷爷讲得是眉飞色舞，英杰听得是啧啧入神。这一段段故事既是庙里的塑像，又是戏台上的人物，它们混合成一个个画面，生动而鲜活地印在了英杰的脑海。

金铠甲、绿蟒袍、卧蚕眉、丹凤眼、面如重枣、颔下五绺长髯，手持着青龙偃月刀的关公和周仓、关平……那武功，那神气，仿佛附了体，此后英杰像着了魔似的时不时地在大人面前拉个姿势，学说一段关公，逗得他们开怀大笑。

夏天晚上的场院是村里人聚集的地方，孩子们抓蚂蚱、逮蛐蛐儿，听着树上的蝉鸣与河畔的蛙声，这就是他们的乐园。此时，英杰最爱蹲在李宾爷爷身边，听他讲那些不知流传了多少辈的故事："天上有一条银河，河两边是牛郎和织女，天上还有玉皇大帝、王母娘娘、雷公电母、风神雨神，管着咱们地上打雷打闪、刮风下雨的事儿呢。月亮上还有个神仙叫嫦娥，她养了一只玉兔……"李宾爷爷指着天上的星星告诉他："那七颗星连起来像一把'大勺子'，叫北斗星，它一年才在天上转一圈儿……勺把指东是春、指南入夏、指西是秋、指北入冬。"英杰又问李宾爷爷："你在庙墙上画的月亮里怎么还有只蛤蟆？太阳里还有只大黑鸟？我看太阳里什么都没有啊？"李宾爷爷答道："月亮里的是玉蟾，那是只大白蛤蟆；至于那只玉兔，是管捣药的。等到八月十五月亮最圆的时候，你仔细瞧瞧吧！"好不容易盼到中秋节，英杰仔细地辨认月亮上的阴影，还真隐隐约约看到了玉蟾和玉兔。李宾爷爷还告诉他"太阳里的那只鸟叫大鹏金翅鸟，那可是太阳神。它要张开俩翅膀，漫天盖满一般；收起翅膀后，就会金光四射。这只鸟平时乌黑锃亮，可要发起光来，你啥也看不见啦！所以平常你也看不着"……英杰就在这质朴的村落中，开启了他的"学前教育"。

春天，父亲和庄户里人都去耕地。乍暖还寒的风猛地吹来。惊蛰了，地里不时爬出些过冬的虫子，招来一群群好食的喜鹊和乌鸦。它们敏捷的身形让英杰不由得产生联想：大金鸟就得是这样的吧。一次，他看见天上有鹰绕着圈儿地飞，原来它发现了一只兔子，把翅膀一抖，冲了下来，一双利爪突然抓起兔子，又猛地飞起来了！那威风，简直让英杰看愣了。"这鹰真有本事！"看多了，英杰发现鹰分为好几种呢。大人们告诉他，小的叫鹞子，最大的叫"雕"："雕可厉害了，能把只羊抓上天。要是没大人看着，连小孩儿它都能抓走！"

有一天，村边的马颊河里来了一些"放鹰的"，英杰一听，急着奔河边去了。咦？那"鹰"怎么跟天上飞的不一样？它们一只只落在船上横着的大竿子上，俩翅膀扇乎着，好像排着队的兵。此时，水里游着的一只叼着鱼的鹰被"放鹰的"用竿子架上来，接着他让鹰把鱼吐到船里，又放下去了。噢，原来它们是专门逮鱼的鹰。英杰明白了，它们的脖子上拴个套，逮着鱼后就咽不下去了，还都得吐出来，怪不得叫它们"鱼鹰"呢，还有人称它"打鱼郎"，真有趣！这一上午，英杰看得很过瘾。回家后，他从桃树上挖出些桃胶，泡在小瓦罐里，又到灶台那里掀起大锅，刮了些锅底的烟子。母亲嘟囔着："又发什么魔怔呢！"英杰端来一个破边的陶土盆，把锅烟子调了桃胶水再兑上水澥开，又从羊身上剪下一大撮毛，用小麻绳紧紧扎在柳木枝上，自己做成了"笔"和"墨"，又找来石板、旧席子、砖坯子……开始画他刚才看到的鱼鹰。谁能想得到蜚声中外的大画家李苦禅，就是这样开启了他的艺术生涯呢！

现在我们常用"抱团取暖"来表现一种温馨的感情，这个"团儿"里大约都是政治地位与经济地位相近的成员。中国农民早就懂得这个道理，只不过使用的表述不一样，他们叫"搭伙"。

在英杰的记忆里，四个本族家庭曾经凑了些钱，搭伙买了一匹已到中年的大白马。这匹大白马轮流帮各家干活，也由四家共同喂养。他经常帮助大人割草备料，逢年过节还给大白马加些料豆，年三十还在马厩上贴用红纸写的吉祥话。谁知没过几年，大白马死了，大人们都很失落，他哭得更是伤心，毕竟再也听不到它的嘶鸣，再也抚摸不到它的白毛了……尽管生活十分清苦，可是大人们谁也舍不得吃它的肉，于是选了一块风水宝地，把大白马埋在了地里。英杰和伙伴们在它的坑穴里垫了很多草，希望它在那个世界里还能吃饱……

苦禅先生到了晚年，每每提及此事，眼睛就会湿润起来。这种在幼年播下的爱护生灵的种子，始终埋在他的心里。他经常回忆，小孩子们淘气，总揪大白马的尾巴，它不踢孩子，只向大人们甩头喷鼻儿，让大人们来管教孩子。

这种尊重生命的观念，影响了他一生。早已成为画坛名家的苦禅先生在路上偶尔见到一只死了的鸟，他特意捡回来，在院子

《一只死鸟》1964年

里挖了个坑把它埋了，还为它画了张画，以示纪念。家里的母猫生下小猫，送给了别人，没过几天他就买了两块槽子糕给它送去，看看长得怎么样了。

　　苦禅先生的这种博爱，更广泛地表现在对学生们的关心中，受他关照的学生无数，以至在他百年之后，每次举办的研讨会，都会成为对他的追思会。中央美术学院国画系毕业的著名画家龚继先，把苦禅先生的照片和他父亲的照片并排供在一起，逢年过节要焚香祭拜。许多学生忆及苦禅先生都会潸然泪下，都能讲出一段发生在自己身上的故事。这种博爱起始于他的童年，得益于农耕文明的滋养。

　　电视纪录片《舌尖上的中国》受到了国内外的关注，也引发了人们对味道的深思。儿时留在舌尖上的味道会让人一生都难忘记，并且视其为最美的味道，真的是"家乡的小吃里有乡情"。

鲁西平原的贫瘠，使人们在饮食上极为单调和粗糙。苦禅先生回忆年少时期，父母下地干活时，奶奶会盘腿坐在炕上，把他揽在怀里；当他仰头看着奶奶吃那种非常粗糙的高粱面贴饼子，常会被掉下来的渣子迷了眼。至于他的吃食，除了稀稀的奶水就是米汤和糊糊……他舌尖上留下的就是这种记忆，所以直到晚年，他最爱喝的还是玉米面粥和小米粥。至于说婴幼儿所需的其他营养，那就要从现代人研究出的"含有多种氨基酸"的榆树叶、枣树叶和各种野菜里去找了。

至于平日里的"襁褓"，就是一个充填了沙土的土布缝成的袋子，把孩子放在中间，靠沙子支撑身体，任其半蹲、半坐、半站……至于拉尿后更换的沙子，河边有的是。把几个"沙袋孩子"凑在一堆儿，由他们相互嬉闹，大人就去干活了。这就是穷人的"托儿所"——古人的"非物质文化遗产"。苦禅先生说："离开了沙袋子，孩子就会走了。"

像野花野草那般凭借大自然的阳光雨露的供给长大，这也是苦禅先生形成朴实无华性格的根本原因。

"穷且益坚，不坠青云之志"，是苦禅先生一生的座右铭。无论他的生活轨迹还是绘画风格，都体现出一种长枪大戟、大开大合的张力和收放自如、张弛有度的表达。我们在研究一个人的时候，他的出身很重要，小时候的生活环境和家庭背景常常是研究的起点。苦禅先生在农村长大，与大自然融为一体，随性相处的同时他也经历和目睹了不劳动不得食的艰辛和贫富人家的巨大差距，他很清楚地知道自己的处境，故而一辈子选择了就低不就高、就难不图易的生活方式，这种"决策"使他不受"名誉""地位""金钱""美女"的束缚，从而获得了精神上的极大解放。

现代教育已形成了一定的架构和规范，产生了各种理论和各种学派。但是在百多年前广大的中国农村，特别是在华北的广袤平原上，人们的知识技能大多是从劳动实践中锻造出来的，是在与大自然的亲密接触中逐步获得的。日出而作、日落而息，以物易物的集市庙会就是他们实实在在的生活。洞微而观宏，这里既是逐鹿中原的古战场，也是孔孟之道的源头，中原文化与游牧文化相融合，形成了元明清三代的积淀和传承，英杰就是在这种时代背景下成长起来的。

大运河的抚育

聊城是鲁西平原政治、经济和文化的中心,京杭大运河的穿越,曾成就了这里的辉煌。由于清末民初铁路运输的发展,运河逐渐失去往昔的繁荣,但它留给聊城说不完道不尽的故事。鲁西是出人物的地方,水泊梁山一百单八将的正说和野史经久流传,古人和前辈生活的旧址就散落在周边。而聊城是人文荟萃、历史

山东聊城光岳楼

悠久的名城，城内最有名的当属光岳楼、海源阁藏书楼和山西、陕西商人精心修建的山陕会馆。

浓厚的文化背景和历史渊源，造就一代代的人才，远的不说，五四运动学生领袖之一的傅斯年、著名学者季羡林、写意画大师李苦禅即被人们誉为当代的"聊城三杰"。

生活在这方土地上的人，虽然穷苦，却很重视文化。对幼时的英杰来说，除了孔子、孟子这两位圣人，长辈们颂扬的武训——武豆沫、武七爷爷，对他的影响也很大。

说起武训，当年在鲁西和冀东南颇有名气。他是山东省堂邑县（今属冠县）柳林镇武家庄的人，生于1838年12月5日，卒于1896年6月5日。武训是一位"怪人"——这位排行老七的穷孩子原名武七，少时受尽了欺骗、压迫、剥削之苦，他自觉这都

山东聊城山陕会馆

是没念书、不识字造成的，故而在二十一岁那年发誓要为穷孩子们创办义学。武训以乞丐之身创办义学，没有后台的支持，也没有一技之长，只能靠乞讨和卖苦力挣钱；他还以口头文学的形式，留下了创办义学的点滴印记，创作出不少"顺口溜"，比如"别看我讨饭，早晚修个义学院"。为了能找到活儿，他沿街吆喝着："出粪、锄草、拉砘子来找，管黑不管了，不论钱多少。"一旦得了工钱，他又编出新词儿："给我钱，我屯田，修个义学不费难。""又当骡子又当牛，修个义学不犯愁。"在二十多年的艰苦辛劳中，武训攒钱也不顺当，他几经坏人诓骗，枉失了不少血汗钱，可他心志不移，继续以乞讨、卖苦力攒钱，此举感动了不少乡绅和有识之士，终于在1887年，四十九岁的他创办了第一所义学。接着，武训又挨家挨户地劝说："穷孩子也要识字呀！念了书才知道这世上的事，不会一辈子受欺负。"学校办了起来，可武训并没有想着歇息，还是一如既往地乞讨、卖苦力，挣的钱全交给义学，以保证老师和学校的各项支出。他不娶妻不生子，依旧乞讨卖苦力直到去世。武训靠讨饭办义学的事由山东巡抚报到了京城，光绪帝亲笔题写"乐善好施"的大匾予以嘉奖，还赏给他一件黄马褂……

武训去世三年后，英杰出生了。他从小就听老人们述说着"武

武训像（孙之俊作）

"七爷爷"的故事，感动得不知道哭了多少回，自己还下定决心，要上学读书。

高唐县有座明代的文庙，辛亥革命后办起了学堂。这座学堂虽不属义学，但在武训精神的感召下，穷困的农家孩子可用柴火和农产品抵代学资，入学读书。

乐善好施匾额

就这样，英杰靠着族人们的周济上了小学。别看李家这一支都不富，但颇有旧时读书好学的遗风，和英杰排在一个辈分的堂兄李英豪经多年苦读，竟中了清末最后一次科举考试的举人，在众人眼里，这可是给祖上增光添彩的事儿。这件事更激励了英杰的决心："要干大事，必得学习！"

在高唐文庙毕业后，成绩优异的英杰被保送到聊城中学。这不仅是他学业上的一大提升，也是他迈出李奇庄的一大步。

聊城中学在当年算得上是一座颇具规模的新型学校：国文是主修科目，其他的科目如算术、图画、博物、英语、物理、化学、常识、武术、军操等，一应齐全。在这里需要说明，"国文"不同于现在的"语文"或"文学"课，"国文"是指自古传承下来的经史子集等，这对于英杰来说是很重要的"基础课"，是由当地的文人秀才来教授的。

高唐文庙（李苦禅少年读书处）

当时，新文化运动初起，学者名家各抒己见争论不断；列强野蛮践踏我中华的消息频频传来，令人发指；生灵涂炭，国运堪忧，各种新闻报道，成为学生们最关注的话题。他们从老师那里不时听到一些新观点和新见解，从这些新观点和新见解中，英杰受到了鼓舞和启发，他知道了比聊城中学的老师更有影响力的严复、

青少年时代的李英杰

辜鸿铭、梁启超、蔡元培、李大钊等，更知道了列强对我国实行侵略和压榨的现实危机。他和张乾一等同学、好友经常登上光岳楼，眺望着远空的蓝天白云，展翅群鸥，希望自己能够去北京上学，见见大世面。

英杰的各门功课成绩良好，其中国文和国画两科最出色。有几个富家子弟嫉妒他，常以"穷气土气"挖苦讥讽他，甚至做出种种恶作剧，令其难堪。这种"社会的教育"让出身贫寒的英杰体会到人世间的不公，他强忍怒火，几度收回伸出袖口的武松拳，转而挥毫于纸，以诗抗之：

纨绔子弟富而骄，华服彰身自觉荣。
俯视一切逞狂妄，金玉其外腹中空。
丈夫自有凌云志，不与俗子较短长。
七十任重而道远，无暇美人文绣裳。

教国文的陈林老师读后，赞叹不已："此仁厚者，志气不群，前途无量，不仅以文学美术见长也！"

武松拳是当时流行在鲁西的一套拳。说起习武，这可是当地老百姓的传统。自古燕赵多慷慨悲歌之士，历史上多少次激战暂且不说，仅在清末，大大小小的战事就数不清。道光十四年

（1834年）僧格林沁与太平军李开芳的生死决战就在高唐县城外打响。据老人们述说，两军打得很惨烈，最终李开芳被擒获，许多老百姓攀到城墙上去看，历史书上称其为冯官屯之战。至同治四年（1865年），僧格林沁又与起义捻军在菏泽高楼寨大战。遭捻军围攻后，僧格林沁陷入重围，最后这位老将被一个叫张皮绠的十六岁少年斩下头颅。至光绪年间，义和团又起自山东，其中也包括高唐县。因此男孩子练拳脚、耍棍棒非常普遍，既是健身，又是防身。好动的英杰从小就跟着大人习武，不仅身体练得很结实，还练出了行侠仗义的性格。以至于他进京读书，以教书画为生的几十年中，坊间还流传着不少他打抱不平、见义勇为的故事。著名剧作家曹禺先生曾说苦禅先生"是个传奇式的人物"，有的人甚至把他传为可以飞檐走壁的游侠。

英杰练就的这身功夫，为他日后拜师京剧大武生尚和玉先生打下了坚实的基础，更为他深入研究"写意"的内涵提供了具体实践的体验。

初闯京城的收获

1918年的暑假，李名题拗不过儿子的犟脾气，当然他也希望孩子能到京城见见世面，或许能闯练出来，有点出息。他尽了最大的努力，借了四块大洋，这就是英杰初闯京城的盘缠。

十九岁的农村小伙上路了。凡小道，靠步行；遇大路，跟赶车的汉子套套近乎，或许能让他搭一段车；最幸运的是走到铁路道口，跟车站的人聊得投缘了，还能搭拉煤的火车走一段。

苦禅先生晚年回忆时说：我不怕苦，别瞧我是一个穷学生，也能花一个小子儿（铜钱）就"横吃横喝"呀！怎么呢？我花一个小子儿买个玉米棒子，再拔些柴草架起来一烤，烤熟了横着啃，渴了再到人家的水槽里边横着去喝，这不是"横吃横喝"吗？总之人穷志不短，只要能吃苦，没有闯不过去的关！

马车咯噔咯噔地颠簸着，英杰的心也在怦怦地跳着，终于，古城隐约出现在眼前，道儿上说山东话的人也少了，各种听不懂的外乡话多起来……眼前的人们各自忙碌，车马相互交错，吆喝声、吵闹声，周边的所有声音都混杂在一起，他还真没见过这阵势。突然，一座比光岳楼更高、更雄伟的城门楼子出现在眼前，还没等他开口，车夫就说："到了，看见城门楼子了吧？进了这个永定门就算进了京！"

一听说到了，英杰嗖地跳下了马车，赶紧给车夫作揖："谢了，谢了！我自己找我要去的地界儿吧！"初来乍到的英杰虽然还没分出东南西北，但他相信自己一定能找到那个"学画画儿的地方"。手搭凉棚，伫立街旁，他那双眼睛都不够使了，巍峨的城楼和高大的城墙，在夏日的烈焰中好像云里雾里潜伏的巨龙，一眼看不到头。他兴奋极了！终于到了日思夜想的京城。

经过百多年的经营与规划，北京城里早就有了定位：东贵西富，几代相传；崇文和宣武的地界大都是汉人民居和会馆，尤其是两门之外，更是穷苦人扎堆聚集讨生活的地方。永定门属外城，英杰一脚踏进的是南来北往的货物交易、劳力辛苦劳作的地方。

虽然也听说有个山东会馆，可是对英杰来说，那儿可不会收留他这样的穷学生。靠着一双铁打的脚板儿，他盲目地一路往西北走，到了内城西四牌楼一带，忽见一处庙宇，叫"慈音寺"。此时已是黄昏，他想庙里能暂时为挂单的僧人和一时无处容身的穷人提供极简单的住宿。似乎冥冥之中的天意，这位后来以"苦禅"之名蜚声画坛的英杰一脚迈进了庙门。主持长老见到这位风尘仆仆却无倦意的小伙子，笑了，再听那一口浓重的山东话，便对他说："找个地方住下吧！"所谓"住"，能躺下就行。看着挤满人的通铺，英杰寻了个长条凳，把自己脚下满是灰尘的两只鞋摔打摔打，摞起来当枕头，一躺下就睡着了。苦禅先生回忆说："枕自己的鞋，是怕被人偷了去，哪儿管脏不脏，臭不臭的。这就算住

1918 年的李英杰

第一章 高唐走出个李苦禅

下了！"

晨钟唤醒了英杰。躺在僧舍的长条凳上，他睁开眼，看着屋顶，一时想不起自己身在何处。一阵焚香之气飘来，才让他猛地想起：噢，我投宿的地方是一座庙，好像叫"慈音寺"。昨晚黑乎乎的也没看清，只知道通铺早被穷哥们儿挤满了，只剩下一条一尺来宽的长条凳，我躺下就睡着了。"一晚上没掉下来，真不赖！"想到此处，他猛地来了个"鲤鱼打挺儿"，站在了地上。看着这条板凳，英杰顺手摸了一把，让众人坐得又光又平。他自个儿都笑了，心想要没学过点功夫，还真难睡这张"床"。

望着那些卖苦力的"房客"们疑惑的目光，李英杰憨厚地笑了笑，走出了山门。他一溜小跑，逢人就打听能学画画的那个北京大学在哪儿。

带着通身汗气的英杰，着一身土布衣裳，操着浓重的山东口音，东问西问。最后，总算辗转到达朝思暮想的位于北沟沿的"北大"。他问一位老者："这北大里头是不是有个教画画的地界？"身着长衫的老者点点头，又指给他看。正在此时，他见到一位夹着纸卷的年轻人稳健地走了过来，赶忙上前询问："这是教画画的学校吗？"那位先生和蔼地点点头，对英杰上下打量一番，用一口浓重的南方口音说："噢！你随我来吧！"

英杰没敢多问，蹑手蹑脚地跟随这位年轻人走进一间大屋子。暑气顿时被关在门外，眼前的一切，让英杰目不暇接：油画箱、画架、各种没见过的画笔和精美的油画框，大大小小的画儿摆在室内各处……屋里的一切，都在迎接这个冒失的山东小伙，也似乎在告诉他：这儿就是你要找的那个"学画画的地方"——北京大学画法研究会。

没有曲折的故事，没有高人的引见，已成为画坛俊杰的徐悲鸿先生，就这样意外遇到了小他三岁的李英杰。人们常用"擦肩而过"来描述失去的机会或友人，然而李英杰与徐悲鸿却是"擦肩相识"，并成为一生的师生与至交。如果说北大校长蔡元培是发现徐悲鸿的伯乐，那立足于北大的徐悲鸿则是指导李英杰艺术征途的第一位明师。

徐悲鸿《自画像》

暑假很短，英杰早出晚归，如饥似渴地汲取着对他来说都是崭新的知识。他从徐悲鸿那里知道了欧洲的油画——西画，以及这种画的光色、透视与解剖学的技法原则，也知道了炭画——素描在绘画基本功中的重要作用。经历坎坷的徐悲鸿看着这位刻苦求知、痴于艺术的山东青年，仿佛看到了曾经的自己，殊觉可亲，于是送纸与炭条给他，悉心教他炭画的技巧，还提供了些油画颜料和配套的工具，让英杰放开胆子临摹自己1914年创作的《勇士搏狮》。徐悲鸿为英杰打开了另一扇大门，使他迈出了学习西画的第一步。

苦禅先生曾回忆：在北大有个（业余）画法研究会，附设的，业余的。徐（悲鸿）老师是夏天来的。他是导师，名誉导师。他这时候正想到外国去，想出国，经济条件来不及。他在那里教课的时候，教木炭画，还教水彩画临摹。我画了木炭画，画了石膏（像），他给我改；还临摹了欧洲的一个壮士，裸体的，掰着狮子嘴。（据采访录音整理）

徐悲鸿《搏狮》（李苦禅曾临摹）

  徐悲鸿先生是近现代美术事业的领军人物，他石破天惊的见解让英杰非常敬佩，不但令其心扉顿开，而且顿觉前景无限。面对当时脱离大自然和时代气息的国画界，徐悲鸿激动地提出："中国画学之颓败，至今日已极矣！文至于八股，画至于'四王'，皆至衰途！"他反对全然脱离时代风云的陈腐文风，反对丢弃先贤提倡的"文章合为时而作"以及"唯陈言之务去"的优秀文学传统，反对那种只限于临摹古人，唯古是从，陈陈相因"笔笔有出处"的循规蹈矩的僵化理念。他提倡五代、北宋时期重写生、师造化的优秀绘画传统，提出"古法之佳者守之，垂绝者继之，不佳者改之，未足者增之，西方绘画之可采者融之"的卓新见解。他对英杰说："当今中国画如不改变，绝无出路。如能走中西合璧之路，中国画必能世界第一！"他还说："我正苦苦筹集资金，准备到法国去，那里集中了西画的精粹，我们应当把人家的好东西取回来，绝不可以故步自封！"英杰一听此言，又激动又遗憾："暑假一过，我就得回老家啦。可是您要一走，我怎么跟您学画画儿？我还能见到您吗？"徐悲鸿笑了："我怎么会一去不返呢！当年唐僧西天取经还不是为了回来传经嘛！今天咱们有巧遇相识的缘分，何愁来日不能相见呀！"英杰憨憨地笑了。

20世纪50年代初，在一次朋友们的聚会上，徐悲鸿先生问："你们猜，我的大徒弟是谁？"众人几乎异口同声地回答："吴作人！"徐悲鸿笑了，说："是李苦禅，他到过北大画法研究会，我教过他。"

尊敬师长是苦禅先生一生的美德，虽然后来他誉满画坛，但是每每提起徐悲鸿先生，他从不直称姓名，或称"徐院长"，或称"徐老师"，或称"悲鸿先生"，并且总是满怀深情地说："当年如果没有徐老师的指点教导，没有他对我的厚爱器重，就没有我的今天。"

英杰虽然不是北大画法研究会的正式学员，人生中的巧合偶遇却让徐悲鸿先生为他打开一扇艺术之门，开启了他习画的新观念，这难得的"蹭课"，影响了他一生。

20世纪50年代初，李苦禅（左）和徐悲鸿院长

燃起的爱国精神

第一次世界大战结束后,由战败国德国占领的胶东半岛非但没有还给中国,反而被转让给了日本。更令人无法容忍的是,在分赃的过程中,当时的北洋政府在列强的压力下竟准备签字认可令国人耻辱的《凡尔赛和约》。消息传来,举国激愤,山东学生更是个个捋臂揎拳,怒骂政府卖国,屈就列强,无视民意,实为国贼。聊城中学的学生们高喊着"还我胶东,不准卖国""公理何在"的口号纷纷组队涌向街头。被选为学生队长的英杰义愤填膺,一边振臂高喊着爱国口号,一边怒斥列强的霸行。聊城在震动,山东在震动,祖国的大地在震动!古都北京则成了这场爱国运动的中心。

1919年6月3日,英杰到了北京,此行他可不是单枪匹马的独闯,而是作为山东聊城学生的代表,与张乾一等几十人,为参加抗议活动而来。

苦禅先生晚年回忆说:"'五四'我们没赶上,赶上'六三'了——六月三号的游行。"他回忆说:

当时同学们一致认为,国难当头,怎么还能安心上课呢?我和张乾一等代表同学们奔向北京,向卖国贼政府去抗议、去示威,咱中国人也不是好惹的!

六月三号那天,我们刚刚赶到,就喊着口号走到了天安门。我带着喊,山东口音很重,立刻引起了周围人的注意。他们一听到用山东话喊的"还我青岛",就更激愤了。我们这些学生们的气势得到了周围人的掌声,一下子引来了军警的注意。他们跑过来用枪托子把我们逼进了天安门的城门洞里头,堵着我们,不让出来。我就指着一个军官说:"你们为什么不让我们爱国?说呀!你算是中国人吗?"那个军官一脸羞愧,他说:"我是满族人,也是中国人,也爱国呀,可是有身上这张皮(指制服),奉上司的命令来的……"他这么一说旁边的军警垂下了枪托子,站了个网开一面的阵势,我们一看这架势,赶紧冲出门洞子,又跑到天安门前的人群中去了。(根据苦禅先生生前录音整理)

中国人常以"国家兴亡,匹夫有责"作为自己的座右铭,只要置身于社会的洪流,只要怀有一颗为国为民的心,只要努力学习进而掌握几种技能,只要具有为人之道的品格,就会成为镌刻青史的人物,英杰立志成为这样的人。他没有书香门第的背景,更没有殷实富足的家境,但是中华优秀传统文化的精髓融入了他的内心,鲁西平原淳朴又彪悍的民风也影响了他。就在这样一条起跑线上,他开始了自己的人生。

爱国运动的风云略趋平静之后,英杰深感只有北京才是他打开新生活和求学求艺的安身立命之所,他越发认同北京大学活跃的学术气氛。敏感活跃的思潮、风云人物的演讲、评析时局的出版物、新兴的文化艺术社团,北京的一切似乎都吸引着他——留下来吧,李英杰!

留下来?住,虽然举目无亲,但是可以在慈音寺借宿;吃,可就难以保障了。再想上学,还有钱吗?正在筹划之际,他的和尚朋友帮了大忙——这位半百上下的僧友一面在青灯古佛之下向他讲述着出世与来世的"无上正等正觉""西方净土世界",一面告诉他北京大学有个勤工俭学会,可以"半工半读",一边干活,一边学法文,结业后可以去法国留学。"法国,不就是徐悲鸿先生去的那个国家吗"?英杰的心为之一动,这出世的"西方净土世界"似乎遥不可及,而这入世的"半工半读"则是时下凡胎肉身的英杰的可行之地。

留在北京的英杰有幸找到并考取了北京大学附设的"留法勤工俭学会"(又称法文专修馆),学员们来自四面八方,过的是集体生活,半天学习绘图和法语,半天干"铁床子"活儿,食、住、学都不用花钱。这对英杰来说,可真是天赐良缘。这个勤工俭学会是近代东西方交流的重要机构,由开明的教育家蔡元培、吴玉章和法国人铎尔孟等人主办,它对中国的社会进步起到了不可低估的作用,同时也为英杰的人生打开一扇继续前进的大门。

既然得到幸运之神的眷顾,唯有全力以赴地奋斗了!英杰努力地学习新知识,拼命地学法语、干各种活儿。其中一项是在铁床子上卡住零件用锉刀锉件,身强力壮的李英杰干得很快,锉磨得很快就烫手了,只好暂时停下来。这时他发现对面的铁床子经常空着,工具也闲置一旁,英杰

青年时期的李英杰

乐了，他在两台铁床子之间穿插着干，这个烫手了，就到对面去。"这是谁的铁床子啊？"很快，他又发现这位同学的举止非同一般，不但常常不来，还总和一些讲湖南土话的年轻人神秘地交往着。他个头高大，像北方人的骨相，方额背发，面容清丽，双目藏神，不苟言笑，大家唤他毛润之。英杰哪里能想到他就是日后大名鼎鼎、威震中外的毛泽东啊！如果说英杰和徐悲鸿先生是"擦肩而识"的话，那他与毛润之的相遇，就是命运的安排了。

在留法勤工俭学会学习期间，学员们还经常有机会去听知名学者在北大的演讲：梁启超、蔡元培、李大钊、陈独秀、罗素（英国人，1920年10月至1921年7月应邀来华讲学）等，学术思想的讲坛十分活跃。只有在蔡元培校长"兼容并包，思想自由"的倡导下，才会呈现这样的学风。

"革命"二字在"北大"和"勤工俭学会"时时回荡，年轻人怀抱着美好的理想奋进着。正当英杰怀揣极大热情努力的时候，却时不时地又从远在万里之外的法国听到一些消息，说是由于先行赴法的勤工俭学会学员们的革命活动影响太大，惹得一向以"自由、平等、博爱"自诩的法国当局发了脾气，随即下令停止了中国留法勤工俭学会学生赴法留学的计划，这批勤工俭学的学员顿时绝望了。即将结业的李英杰，怀揣着到西方求学的愿望却无法成行，心中的"自由艺术之宫"突然如海市蜃楼那样消失了！不过好在学校信守初衷，把勤工俭学的钱款如数分发给学员们。对十分拮据的英杰来说，他意外地收获了一笔另觅前途的缓冲资金，他安慰着自己："取法乎上"不成，"仅得乎中"也可，不能出国就报考北京美术专门学校吧。1922年，他以良好的成绩，一榜得中！一个农家子弟，在一夜之间，迈进了中国最新式的美术学校。

北平国立艺专校舍（前身为北京美术专门学校）

  沿着徐悲鸿先生指点的道路，他报考了西画系。授课教师主要是外国人，如捷克的齐蒂尔先生，法国的孟日先生和后来从教的克罗多先生。他再次嗅到了浓浓的亚麻油味道，画着人体或静物，听着三成英语、三成法语、三成汉语讲述的百分之百的西方油画、素描以及欧洲美术史，恍惚间，仿佛置身于外国的课堂……

  然而，现实的状况是英杰的生活与学业的消费不断增加，对于无一文钱进项的他来说，这真是难上加难。

  昂贵的西画工具和材料——笔、刮刀、调色油、上光油、松节油、油画颜色、英国产水彩颜色、"瓦特儿曼"水彩纸等，大多需要通过外国使馆和租界的"二鬼子"去买，过手盘剥的开销，简直令他胆寒心悸！

  节衣，好办，英杰从老家带来的粗布衣、棉夹袍尚可用，不必去买；缩食，对一个山东大汉来说倒也不难办！学学古人：熬上一大锅粗粮碎米粥，上面撒一层带咸味的"虾糠"（注：筛"虾皮"时剩下的碎渣，价极贱，多为穷人买），待凉后划成三份，一顿吃一份。据说这是宋朝名士范仲淹发明的穷法子。可画画儿用的那些昂贵的工具和材料是必须要用的，非找个"勤工俭学"的新法子不可！英杰发现了租"拉胶皮"的车场子。当年所称的"拉胶皮"，就是由日本转来的胶皮轮子的"洋车"，即老舍先生笔下的车夫祥子拉的那种载客的车。拉车能挣点钱！这活儿看起来好干，其实还真不好干，全靠两条腿快跑，还得把稳车把，光卖力气还真不成。英杰盘算着自己的时间，每周只能抽出

克罗多教授

西画系课堂上的法国教授克罗多（左二）

1923年 李苦禅（左一）在北京正阳门跟西画老师齐蒂尔（左二）、袁仲沂（右一）等合影

三四个晚上去租拉洋车，白天还得去学校上课。但是入了行才知道，京城里的熟道儿全让结帮成伙的本地车夫包了，谁也不敢在人家吃饭的道儿上抢活儿呀，抢了人家的道儿，是要挨报复的！他决定去拉冷背道儿上的活儿，比如去海淀。那年月，一出城门就是农村，盗匪频繁出没，尤其是西直门往海淀的夜路上，经常遇到歹人，没人愿意拉那里的险活儿，可真要拉一趟，能比城里的活儿多挣两三倍的钱！英杰仗着文武双修的底子，腰里掖着一根从老家带来的七节鞭，心想着学赵子龙来个"七进七出"。有一次遇到歹徒拦车"借钱"，他轻放车把稳住车座儿，右手小拇指从对襟褂子缝里抠出截红绦绳来，唰地一下亮了个架势，对方一看就溜

了；有时碰上个不懂行的，那人少不了得挨上几鞭。此事一经传开，"别惹那个山东大个儿，他有功夫，有家伙"没人再敢找他的别扭了。拉车的活儿，算是能负担他的学业费用。

在一众同学中，真正知道英杰身世和当时处境的只有林一庐。他是一位虔诚的佛门弟子，对周围的各种议论从不搭讪半句，却与英杰言必投缘，心心相印。有一天，他见教室中只有英杰在整理素描作业，趋前就座，轻声道："我此刻心中有些话不知当讲否？"英杰立刻停了笔，说："随缘至此，自然当讲。"林一庐道："佛门有苦、集、灭、道'四谛'之说，于你身上颇能印证。人，生、老、病、死是为'四苦'，人一生所历实皆为苦，受苦、忍苦之所集方成善事，是苦中之乐吧！古今皆云，至涅槃方可离四苦而至寂灭，我以为集苦成善之乐即离苦境，是为心灵涅槃，而这一切便是真

李苦禅曾用过的七节鞭

正觉悟之正果。我细察你的人生、心境,对佛门'四谛'便作了如是解。你禅定于心,故终可缘理慧行,必将解脱,得大自在!所以,我赠你一个艺名'苦禅',好吗?"英杰听着这番话,惊喜参半,未及说完已连连点头称是,即刻说:"好!好!好!名之固当,名之固当!"此后他就在画作上以"苦禅"名款题之。

事过境迁,几十年后,有不知道苦禅先生毕业于国立北京艺术专门学校的人评议说,李苦禅是"车夫画家",拜了"木匠画家"为师。苦禅先生听后感慨地说:"殊不知祖先大舜曾耕于历山之下,却终非'耕地的大舜';韩信忍辱于胯下,而终非'胯下的韩信';孟子之教'天将降大任于斯人也,必先苦其心志,劳其筋骨,饿其体肤,空乏其身,行拂乱其所为,所以动心忍性,增益其所不能'。是亚圣之言激励我拉车奔跑的呀。"苦禅先生每每回忆起此段人生,总是无限感慨:"那时候的北京可比现在冷,树都冻裂了,路灯杆上挂的油灯都冻裂了!大风刮过来直钻骨头缝,生疼!"

人们常引用古人之句"朱门酒肉臭,路有冻死骨",当时在北京研习绘画的各色人等中,如苦禅先生的恐怕只此一人。他之所以能熬过这段人生,一是靠超人的毅力,二是靠一个好身体。

寒夜中,英杰像长了飞毛腿,越跑越快,还在心里默念着:"潜龙勿用,潜龙勿用……龙德而隐者也。""乐则行之,忧则违之,确乎其不可拔,潜龙也。"他认准了,处逆境绝不苦闷,合于心志便努力前行,这才是自己应该走的路。

第二章 选定自己的目标

参加过五四爱国运动的游行,接受了徐悲鸿先生对中国画发展的构想,思考了自己学习绘画的经历和感受,李苦禅决定在国立北京艺术专科学校西画系学油画的同时,拜齐白石为师。他体会到中国画与西画同时学习的优势,并且把这种体验带到了西子湖畔的国立杭州艺专。

拜师齐白石先生

电视连续剧《觉醒年代》中出现过一位易白沙先生，就是这位不太被现代人熟知的人物，在1916年发表了题为《孔子评议》的文章，随即激起了新文化运动初期各种观点的争鸣，呈现出中华文化发展长河中难得一见的"巨浪"。中华文化悠悠千载，分支脉络盘根错节，发生过无数次学术论战并形成了各种派别。不过这次的争论不同，因为它发生在华夏大地被列强瓜分的惨境中，发生在西学东渐的背景下，所以使争论变得极为复杂：如何认识西方社会的结构和中国的国家体制，如何认识东西方的哲学思想以及西方列强的霸权主义等。此时，国内摇摇欲坠的封建帝制，和孙中山领导的革命崛起，蜂拥而起的军阀混战，又让社会矛盾进一步激化；如何认识新与旧、保守与革命、不革命与反革命、有政府和无政府等各种新锐的主张，具有各种倾向性的组织与活动此起彼伏，文化艺术界的许多精英人士也活跃其间，苦禅先生就是其中的一员。

1911年，中华民国成立，它是亚洲成立的第一个以议会制选出总统的"民主共和国"。它区别于日本的"明治维新"，虽然皇室还保留着特权，虽然各路军阀还在争雄，甚至有的还幻想复辟，但是推翻帝制已成事实，孙中山领导的民主共和大局已定。许多具有新思想、新理念的人被安置到国民政府之中，民国政府也开始推行新的教育体制、新的美术教育方式，聘请了留日的画家陈师曾、姚华，留英的画家李毅士，留法的画家李超士、林风眠等，在北京开办起现代的美术学校。

民国初期，北京的书画交易一度兴起，外地画家纷纷来京谋生，如萧谦中、肖俊贤、陈少梅、汪慎生等。他们均为职业画家，自20世纪二三十年代就在京津地区有了一定的地位和影响，成为收藏家关注的新生代。

当时的美术学校和社会上的画会、画社，也聚集了一批久居京城的名画家，如金城、汤涤、祁昆等，他们的文化根底深厚，各有所长，这些人的聚会和交流奠定"京派"画风的基调。

如果把那些从国外回来和外地迁京的画家称为当时的"北漂"的话，这座古都里还生活着一批盘根错节的晚清画坛的遗老遗少，他们大多承继"四王"、直追宋元，是"正统"画派，早已规范了各自的画风与地位。

京城画坛最活跃且坚持长久的首推"宣南画社"，自1915年起，前后坚持了十二年之久，以汤涤（定之）为指导。

另有"北京大学画法研究会"，是1918年2月22日蔡元培先生为提倡美育组织起来的。蔡元培筹借古画供会员参考，同时又要求会员采用西洋画之长，从实物写生入手，进而对传统绘画教学产生影响。蔡元培的长女蔡威廉是留法学习油画的先驱之一。北京大学画法研究会是徐悲鸿先生在北京首先任职的地方，也是英杰初学西画的地方。巧合的是，林风眠到杭州组建国立艺术院（后更名为国立杭州艺术专科学校）的时候，英杰受聘到该校执教，又与蔡威廉夫妇成为同事。

在当时的几个社团中，活动时间最长、影响最大的是"中国画学研究会"，历时三十年。

结社团体反映出的是主要人员的观点和发展方向，当时有几位代表人物：

（1）蔡元培在1917年提出了"以美育代宗教"的口号。

（2）康有为、陈独秀、徐悲鸿等提出中国画革命的思想。康有为说"中国近世之画衰败极也"，主张"精研古法"以借古开今……

（3）陈师曾提出了"文人画的价值论"。

（4）"京派"的代表人物金城提出："不知国粹之宜保存，宜宣扬，反腆颜于艺术革命、艺术叛徒，清夜自思，得无愧乎！"

持不同主张的人们处在激烈碰撞的境遇中，唯有不参与一切画会的齐白石先生默默地在砚池边耕耘。富有创造精神的齐白石的作品虽然显示出鲜活的生命力，却被时人称为"野狐禅"。而与齐白石同时期的金城、周肇祥、余绍宋等人，颇有社会根基且大都居有官职，家境丰厚，地位稳定，当时京城还有些名人画家逐渐成为达官贵人的座上宾或清客……

这种局面，对初到京城、毫无人脉、一贫如洗的英杰来说真是一头雾水。但他自小生活在社会底层，闯入京城上了艺专之后才有机会喘息一下，看到人生大舞台上各种角色的表演和较量：哪些是满宫满调的，哪些是荒腔走板的，哪些是得了真传的，哪些是花拳绣腿的……各色人等早已纷纷亮相。英杰绝无妄念，"知道自己几斤几两"，他决定拜师齐白石。

凭直觉，他明白自己与同样来自贫苦乡间的齐白石有共性——穷苦人出身，既没有经济的支撑，也没有可倚仗的后台。他看到了齐白石与自身本质相同的部分，因此年轻气盛、不甘示弱的英杰拜师齐白石就成了一种历史的必然。

如果从齐白石的角度来看,自从到京城后无人赏识,只是在陈师曾先生的帮助与提携下才逐渐站稳脚跟。有第一个诚心诚意叩头拜师的学生,自然是大大鼓舞了这位六十岁的老人。

1923年金秋的一天,齐白石正在作画,听到有人叩门,命其三公子良琨去开门。进来一位山东口音浓重,广额长发,高个子的年轻人,自称是在北京美术专门学校学西画的学生,慕名前来拜访。这个年轻人就是英杰。

苦禅先生回忆,当时老先生刚作完画,站在画案旁,示意让他进来。见老先生尚未落座,他自然不敢先坐,径直说明来意:"我叫李英杰,是山东高唐的,父母是农户人家,穷。俺上了北京美术专门学校,是学西画的学生,靠在北京勤工俭学挣几个钱上学。我来北京三四年了,看见琉璃厂的国画没几张喜欢的,就看在南纸店里挂的您老人家的画最喜欢,好!又听说您的为人、人性也好,我想拜您为师!想了不知道几回了,今天就打听着来找您啦!也不知道您老人家看得上看不上俺这个穷学生,能不能收我!"(根据录音整理)齐白石先生惊诧地看着这位直言快语的山东后生,不禁想起了自己的农家身世,不自觉地脱口说出:"嗯!你既然愿意到我这里来,那以后你就来吧!"年轻人一听此言,

1926年,李苦禅(后)与恩师齐白石

急忙俯身叩头,不料动作太猛,碰到小屋的墙上,还蹭下一层老墙皮:"齐老师在上,学生李英杰在下,给您老人家叩首啦!"齐白石先生看着这位直率的弟子,不但不觉得滑稽,反而看出了这位年轻人憨厚爽快后面蕴藏的那种天然浑朴之中的灵秀。

良琨扶起了英杰,嘱他坐下。英杰哪里敢坐,又严正地鞠了一个大躬,说道:"齐老师在上,学生今天登门拜师,照规矩本应当有个挚见礼,可是学生我穷,什么礼物也没有。我现时虽穷,过两年毕了业,能挣钱啦,我再好好孝敬您老人家!俺爹说'穷人不敢许人愿',我今天斗胆许个愿,来日我要对不起老师,老天爷就叫九城四下的狗都轰我!"说得齐白石先生掩口而笑。

半个世纪之后,八十高龄的李苦禅对着采访者的录音机回忆起这段恍如昨日的往事:"那年月,悲鸿先生有批评,'文到八股,画到四王'我画着西画还想学国画。学国画,我把全北京的画家都滤过了,找了半天,有一位齐白石先生,那是农民画家呀!也干过木匠活儿。他这个人好,好在什么呢?他的画有创造精神,绝不与一般人相同。他也不奔走高门、阔人。他说'画我家画'就是有创造精神,很有毅力!找到这几点,我就到他那儿拜师去啦!"

后来,齐白石先生四公子齐良迟回忆道:"苦禅师哥到我家里来拜白石老人——我父亲为师,行大礼,在旧社会就是行叩头礼,那是很庄重的,对我父亲是很敬仰的那种精神。作为拜白石老人为师的弟子,苦禅师哥那是第一位。"

在齐白石先生孤寂地上下求索之际,能有知音学子甘心叩头门下,真让他欣慰。在英杰拜师的第二年,他即赠给这位大弟子一首诗:"怜君能不误聪明,耻向邯郸共学行。若使当年慕名誉,槐堂今日有门生。"写完意犹未尽,在题诗后又重重地加了一段按语:"余初来京师时,绝无人知。陈槐堂名声噪躁,独英也欲从余游。"其大意是:我欣赏你不是那种趋炎附势之人,耻于仿古照搬的邯郸学步。如果你当年仅仅是为了找名气大的人物拜师,那么如今你就应当是陈槐堂(陈师曾)的弟子了。我齐白石初到北京的年月,没有知音弟子,唯独你愿意跟我游于艺坛啊!

孔子教导学生:"志于道,据于德,依于仁,游于艺。"齐白石先生即借用此典以抒胸臆。

1923年秋末冬初,在北京美术专门学校西画系读二年级的英杰正式进入齐门。美术理论家李松先生从美术史发展的角度评价道:"苦禅先生到北京,原来是准备到法国留学去学西画的,后来拜齐白石为师,这也是一个双向的选择。在当时的情况下,他能够看到齐白石艺术中那些最有生命力的东西,也就是齐白石在中国画的革命性发展上做出来的那些表现、那些成就,这跟苦禅先生自己的艺术追求是一致的。"

苦禅先生在回忆这段经历时,往往提到两点,一是学西画的费用太高,但他又不能放弃,怎么办?除了拉洋车,他也想着画点国画挂到南纸店出售,以补充生活所需。二是他的绘画本就起步于国画,在聊城那会儿就受到国画老师的赏识,对传统国画艺术有一定的理解和实践基础,在当地还有些小名气,他也不想放弃。所以他既要完成艺专的学业,又不能丢掉国画的底子,还得保证自己的生存!无论是对西画的学习,还是对提高国画的水平,英杰拜师齐白石先生,为自己打开了一个更加开阔的视野,中西绘画的齐头并进助推他形成多种崭新的体会,更激发出自身的潜能,奠定了他日后成就的宏基。

画民众喜欢的画

新文化运动对美育和绘画的影响很大。蔡元培倡导创立国立北京美术学校，特别是提升为"国立北京美术专门学校"（后又改建为国立北京艺术专门学校）以后，出现了一批勇于实践的年轻人，他们对国画和西画同时兼顾：李苦禅拜师齐白石，王雪涛、徐佩遐也在学习国画，木刻版画家王青芳也造访齐门学习篆刻，还有当时主办各大报艺术副刊的文人学者王森然，一边在西画系学习一边大量创作时代漫画的孙之俊，以及最早把视线转向农村生活的赵望云等。

1924年在校学习期间，几位师友成立了"九友画会"，其中有王梦白、李苦禅、王雪涛、徐佩遐等。

1927年春季，林风眠以国立北京艺术专门学校校长的身份组织发起了"北京艺术大会"。从艺术大会创作的题材之多、画种之多以及标语的内容上，我们可以看出艺术院校的青年学生思想的激进倾向：

  打倒模仿的传统的艺术！

  打倒贵族的少数独享的艺术！

  打倒非民间的离开民众的艺术！

  提倡创造的代表时代的艺术！

  提倡全民的各阶级共享的艺术！

  提倡民间的表现十字街头的艺术！

李苦禅（前排左二）及"九友画会"部分成员合影

全国艺术家联合起来！

东西艺术家联合起来！

人类文化的倡导者世界思想家艺术家联合起来！

艺专师生的热情和努力得到了充分的展示，艺术大会的参展作品，从校门口一直张贴至大礼堂，到处都充满着青春活力。虽然此举引发了社会上不少争议，但是对当时的美术教育和传统的艺术界起到了振聋发聩的作用。

1927年5月22日，《晨报·星期画报》第八十五号发表李苦禅的《松鹰》，图下编者按语："李英杰李君号苦禅，画学白石而能变化，在艺术大会中佳构甚多，最得好评。"

20世纪20年代中后期李苦禅（座椅左起第四穿白长袍者）联合赵望云（座椅左起第三抱胸者）与孙之俊（座椅右起第二着西装者）等同仁组成了"中西画会吼虹社"，提倡中西绘画合璧，并面向自然，面向人生，进行中国画的革新

1928年，李苦禅、赵望云发起并组织"中西画会吼虹社"，主旨为"以中为体，以西为用"，开始了绘画的新尝试。吼虹社实力雄厚，社员均为当时画坛的青年翘楚，两年间先后在中央公园（今中山公园）、北海漪澜堂举办了画展，并出版了自己的刊物《吼虹月刊》。

此间，李苦禅在绘画上开始了既具有时代特色，又表现自己风格特点的独特创作。

1927年5月22日《北辰画报》发表了李苦禅的《松鹰》，原作已佚，画上题字不清晰，经过仔细辨认，可以识别出齐白石先生所题全文："昔人学道有道一而知十者，不能知一者，学画亦然，

约1928年，李苦禅（中排左三）与艺坛友人合影

李苦禅《惨暮》，1928年11月23日发表于《大公报》

劣天分者虽见任何些数而一不能焉，愚者见一亦如无一。苦禅之学余而能焉，见一能为二也。白石题记。"可见他对李苦禅所具有的举一反三的悟性予以充分的肯定。在1928年4月14日的《大公报》上，他称赞李苦禅为"后起之秀"，在当年8月4日的《霞光画报》上又评"苦禅之画比前度展览大进，何其令吾辈可畏"！他还把当年出版的第一部齐白石画集赠予李苦禅，并在封面题写："苦禅仁弟画笔及思想将起余辈，尚不倒戈，其人品之高即可知矣！戊辰六月小兄齐璜记。""将起余辈"四字的分量何其重也！

齐白石先生的两段题字看似平常，细读起来，我们却可深感他远见卓识的灵感和谦虚的精神，他看出了李苦禅"见一能为二"

李苦禅《渗淡京都》，1928年4月14日发表于《大公报》

齐白石题赠李苦禅画册

的灵性和"画笔及思想将起余辈"的潜能;"见一能为二"意与"举一反三"相类,用现代汉语可归纳为发散思维的能力和联想能力。齐白石先生在与李苦禅的几年接触中深入感知到这一点,而且十分赏识他尊师重道、修身养性的自觉努力。至于他所题"画笔及思想将起余辈",不但是实事求是地肯定了这位学生,而且预感到学生的未来。"画笔"当然是指具体的绘画行为,并非单指"毛笔"与"画作",而是指所能达到的绘画水平,更重要的是"思想"二字。1927年,齐白石先生已是六十多岁,他所言的"思想"应理解为艺术创作时的"所思所想",而非现在所指的"思想觉悟"之类,虽然他不可能用西洋绘画中的词汇来阐述他的观点,但他能意识到,李苦禅笔下的禽鸟造型有一种新的"思想",也就是将素描、速写、透视等西画的造型方法逐渐融入禽鸟水墨造型的实践;在速写基础上创作出的禽鸟,其造型、风格与传统笔墨表现出来的不同,通过素描和速写训练能够得到一种创作空间和物态形象的"解放"。李苦禅不仅不再靠临摹古人来造型,而且可以构造出禽鸟在多种情境中的关系与瞬间的动态,这一点被齐白石先生敏锐地感受到了,因此才能"将起余辈"。

《礼记·学记》中有"教学相长"之说,学生的成绩,也促使老师去思考、去提高,从而互动互长,相得益彰。

1927年盛夏,二十八岁的李苦禅画了一幅《群鱼鹰》请恩师指教。齐白石先生当即在画上题诗一首:"曾看赣水石上鸟,却比君家画里多。留写眼前好光景,篷窗烧烛过狂波。"又续题道:"苦禅仁弟画此,与余不谋而合,因感往事,题二十八字。白石山翁。"这里提到的"往事",究竟是什么事呢?

鱼鹰(又名鸬鹚、墨鸦)久与人类相处,南、北水域均见它游于河道湖泊，助渔夫捕鱼的生动场景，明清画家亦有以它入画者，却不以它为主体。齐白石先生居京日久，思念家乡，忆起曾在晚霞烧蚀的湖面上，见渔夫驾舟归来，鱼鹰相伴左右，或栖或止，或理羽，或抖翅，或游弋，水面飞花，波光粼粼，生机盎然……随即将思乡之情渲染于宣纸之上，信笔画出了山村野景，远处江面上

李苦禅 1927 年作《群鱼鹰》，齐白石题字

有多只鱼鹰。正当他全身心地沉浸在湘江日暮的欸乃声中时,李苦禅进来了,他便搁下了笔。只见李苦禅手持一卷画稿侧立案旁,看见老师笔下的鱼鹰,顿时喜笑颜开,用他那浓重的山东话说:"俺也画的是鱼鹰……"齐白石先生催他示出,几只近景鱼鹰占据画面的主要位置,神采奕奕,昂首展翅,欲飞又止。"好!好!"齐白石先生当即挥毫题字:"……人也学吾手,英也夺吾心,英也过吾,来日英若不享大名,世间是无鬼神矣!"他毫不吝惜地给这位大徒弟以坦诚的评价、浓重的爱心与热切的鼓励,其中饱含着无限期望。这就是齐白石先生所指的"往事"——师生"不谋而合"地创出了大写意的新题材——鱼鹰。此事发生大约在1924年,也就是李苦禅拜师后的第二年,1927年提及,自然称其为"往事"了。

1930年,任杭州艺专国画教授时的李苦禅(后)与他的恩师齐白石的合影

1928年10月26日的《大公报》上,首次发表了李苦禅为王森然先生画的大扇面《群鱼鹰》,王森然先后兼任几份报纸的编辑,天津的《大公报》是当时颇具影响力的大报。至于齐白石先生曾经品题的《群鱼鹰》,是在1934年6月10日的《商报》上发表的,并附有文字说明:"名画家李苦禅画《烟渚水禽图》。"1935年9月30日,《群鱼鹰》又发表于《学校生活》杂志,可清晰地见到画上文字:"丁卯夏六月灯下戏写,时正客长安客寓,苦禅

齐白石（左）与李苦禅（右）笔下的鱼鹰对比

画……"丁卯即1927年，长安即北京。

　　以鹰为主体的作品，古已有之，林良、八大山人及齐白石都画过；以鱼鹰为主体的大写意作品，应自李苦禅始。大型禽鸟是李苦禅一生绘画创作的主要内容，究其原因，还得从幼年说起。前文记述过李奇庄的马颊河上来过一些"放鹰的"，鱼鹰的视觉非常灵敏，目的性很强，只要发现目标，一猛子扎下去决不会"失手"，更确切地说是不会"失嘴"。它们用那略带弯勾的嘴叼起鱼,迅速地飞回到渔船上,有的扑打翅膀仿佛是向主人报功,有的伸长脖子舒展身躯抖抖羽毛略作休息……总之看着这富有生机的情景,对于当时还是孩子的李苦禅来说,似乎和鱼鹰有了心灵上的沟通。李苦禅为何"初出茅庐"便以鱼鹰面世?应该说是他"急于"表现幼时对自然生态最有兴趣的记忆创作,就像牧民爱马、画马、唱马那样。

西画的造型基础,促使着李苦禅对石涛、八大山人、齐白石的习画道路和已达到的成就进行重新的认识和思考。八大山人的画风冷逸清高,是文人画的一大高峰。齐白石先生以八大山人的风格面世却遭到市场的白眼,及至得到陈师曾先生点拨,加之现实生活的积累,方以生活实践为基础创作出雅俗共赏的"红花墨叶派",受到了大众的欢迎,作为学生要想画出自己的风格,只能是另辟蹊径。在高雅与通俗之间,究竟应该如何创造属于自己的艺术形象?李苦禅选择的是:"画让群众喜欢的,看得懂的画。"有了这个原则,我们才看到他笔下生出的一个个鲜活

1928年8月4日《霞光画报》齐白石等对李苦禅的评价

的，而且与大众生活十分贴近的花鸟形象。

《乌瓜图》是八大山人笔墨造型的代表作，他又常以墨禽栖于圆石枯木之上，似作为乌瓜形式的拓展，常以圆浑见长。经过一番尝试，李苦禅选择了方棱形求新。方，更有阳刚之气！于是，他采用了八大山人的"黑白灰"——墨禽、"计白当黑"的空白，富于动感、凝重、单纯而明快的画面效果，配上奇石古松，以盎然生机、生灵情趣为主题创作出朝气蓬勃的作品。构图上的方棱之形，或近梯形，或为不规则三角形、四边形、多角形，甚至方圆并用——这是在以传统的二维空间、散点透视方法为基础的同时，加入西画中三维空间概念后恰到好处的自然糅合。如此使他笔下的荷塘之禽、山巅之鹰等大写意禽鸟题材呈现出使观者耳目一新的感觉。李苦禅在谈及自己的思路时常说："大黑鸟们站在见棱见方的大块石头上，不加或略加配景花卉树木，即有很大气势，很像大山大景一隅，是画从外来，画外有画的境界。""画外有画"是中华美学的独到追求，亦如诗词歌赋渲染出的别样意境，亦如余音袅袅、弦外之音汩汩不绝的中国传统艺术……就绘画而言，中西绘画的一个重要区别之一即在于取景。国画是画心中之景，西画是画取景框中之景，虽然当代西方绘画已出现了各种追求自我表现的现代派，非常前卫，但毕竟与中国传统艺术有很大的差异。

1928年，李苦禅与王森然结拜为兄弟，并且住进了西四牌楼附近的石碑胡同王森然的家。二人朝夕相处，生活较之前稳定多了，画作量大且质精。王森然为李苦禅写了不少文章，发表在他主编的《大公报》的艺术周刊上。

物以类聚，人以群分，王森然与李苦禅这对结义兄弟一生相知相携，真挚的友情直至生命的终结。

1928年5月3日,济南发生了日本侵略者枪杀我国军民的事件,史称"五三惨案"。吼虹社成员孙之俊与王石之、王君异、蒋汉澄等人立即组成了以"国耻之日为名"的"五三漫画社",在报

20世纪20年代,李苦禅(右一)与赵望云(中)、王森然(左一)

晚年的李苦禅(右)与王森然

刊上发表了大量漫画。五三漫画社被当时的记者称为"华北漫画史上光荣的第一页"。至于吼虹画社的发起人之一赵望云，他与李苦禅大力提倡新中国画运动，出版了《苦禅望云画集》两集。1927年后，赵望云逐渐脱离了学校，经常到农村进行写生创作，夜宿于小店，奔波于田野，不断表现农民的生活，拓展了中国传统绘画反映现实生活的内容。

这批年轻人从踏入校门那一刻，就开始关注社会现实，思想活跃、风格多样，有别于以前师父课徒的分散与局限，更有别于闭门研究古法的传统。新的办学模式使他们以全新的视野开启了自己的艺术创作，生活方式和从业方向也发生了相应的转变：毕业后有人当了美术教员，有人自办画室培养学生，有人做了编辑、记者，在副刊上开办自己的专栏，发表学术观点……总之，通过研究李苦禅及同学们的这段经历，我们看到了社会的演进与变革。

对比金城、周养庵、陈师曾、汤涤等前辈，这些新画家和艺术青年已经在时代的影响下，热血沸腾地开始了新的艺术创作。传统和创新在交织与冲撞中发展着。

此时，中国共产党组织的"中国左翼作家联盟"（左联）在北京也有活动，据郝鲁伟（原河北省妇联主任）回忆：她很早就参加了革命，与李苦

《苦禅望云画集》第一辑，齐白石题签，封面设计孙之俊

禅的住处相邻,来往密切。1930年,北方左联要出版一本幼儿教育的书《好孩子》,缺少经费。她找到李苦禅求助,李苦禅二话不说,就把他身上所有的钱都拿了出来,并且和郝鲁伟的妹妹唱了一出京剧《霸王别姬》,(李苦禅饰项羽,郝鲁伟的妹妹饰虞姬),将义演所得收入全部捐赠给左联。据《20世纪北京绘画史》记载:1932年4月,胡蛮等人在北平发起成立"北平左翼美术家联盟",成员有梁以俅、王肇民、李苦禅、沈福文等。毕业后,李苦禅先后在北京师范学校、保定二中等校任教,并多次举办画展。

20世纪30年代,在"左联"领导的革命演艺活动中,李苦禅曾演过京剧《霸王别姬》,此照片是他扮演项羽的剧照

求索在西子湖畔

　　林风眠先生是中国近现代美术史上卓有成就的画家和美术教育家。他的绘画风格端庄，造型简练、色彩和谐、独具风貌。他一生都在追求艺术表达的高级审美，但命运之神总是捉弄他。

　　由于国立艺术专门学校组织的北京艺术大会影响力太大，校长林风眠成了某些政治势力的靶子。在蔡元培先生的救助和指引下，林风眠来到了杭州，随即蔡元培又委任他为国立艺术学院的校长。

　　林风眠先生是中国初创高等美术教育时最出色的校长之一，在他九十岁时回忆说："我当时在西湖创办国立艺术学院的制度，同巴黎的艺术学院差不多。我是主张不要临摹，要写生、要写真，学校里面有动物园，你要画鹭鸶，你去看看鹭鸶再说嘛！要有一点艺术上的基础嘛！先学一点西洋画向自然描写的一种写生基础，对自然能写生的好，以后到国画去拿传统，拿古人历史上的经验，同现代的写生经验融合，办学校的时候，我是主张把所有有用的东西，能够写生的东西，移到自然去，能够了解自然，然后再去创作。"

　　1980年，李苦禅先生与次子李燕到香港举办画展，时居香港的林风眠先生特地到现场参加开幕式，两位老人见面后悲喜交集，几十年的风雨，他们都坎坷地走了过来。李苦禅说："林校长，看看我的画有没有长进？"林风眠伸出大拇指，含笑点头道："更有

1925年，李苦禅（左二）与林风眠校长（右二）以及国立北京艺专西画系的同学们合影

魄力啦！"如果从历史发展的眼光看，李苦禅是林风眠先生和徐悲鸿先生中西绘画融合主张的最早实践者，而且由于李苦禅的传统文化功底深厚，所以才达到了上溯徐渭、八大山人及至齐白石的文人画的新境界。

在杭州的那段时间，林风眠先生为办出一所新式的美术学校而殚精竭虑，着手组织起一班精干的教师队伍，李苦禅就是这支队伍中的一员。1930年，李苦禅应林风眠的邀请，偕妻子凌媚琳去往杭州，直至1934年秋返京。

"派"字在汉语中有丰富的含义，其中有指立场见解和作风相同的一些人，即称为某某学派……"京派"与"海派"之说由来已久，既指绘画也指京戏，由于地域文化不同，在艺术创作风格上存在差异是自然的、符合发展规律的。苦禅先生是齐白石先生的高足，具有山东汉子的宽阔胸怀，在杭州的四年，为他进一步研究八大山人、扬州八怪、吴昌硕等画坛前辈，提供了丰厚的条件。江南的自然与人文环境极大地开阔了他的视野，促使他对此地发生的历史变革以及衍生的诸家文学艺术的风格和流派有了更深入的体验和理解。大约如我们置身于西子湖畔，吟咏"接天莲叶无穷碧，映日荷花别样红"时的迥然心情那样，从李苦禅当时的画作中可以看出那种沉浸在江南美景中的意境。这种对现实世界的体验与感知，保持在他一生的创作中。由于性格开朗，热情直爽，没有门户之见，所以他在京、沪、杭艺术家之间搭建起深入交流的桥梁。从现存他与齐白石先生往来的信件中，可以体会出当时这种"对接"的深远意义，尤其是推荐潘天寿、李叔同等人给齐白石先生的做法，令人切实地体会到他的真诚。"同行未必是冤家"，苦禅先生一生常说："谁好就向谁学。"

潘天寿先生是吴昌硕的弟子，李苦禅是齐白石的弟子，吴昌硕和齐白石又都是继徐渭、八大山人之后的大家，因此，相互学习借鉴无疑是对大写意绘画发展的有力推进。如果总是在一些细枝末节上纠结，对推进大写意绘画的相关创作与研究毫无意义，更对兼容并蓄的艺术教学思想有碍。

林风眠先生在北京主持国立艺术专门学校的教务时就采用中

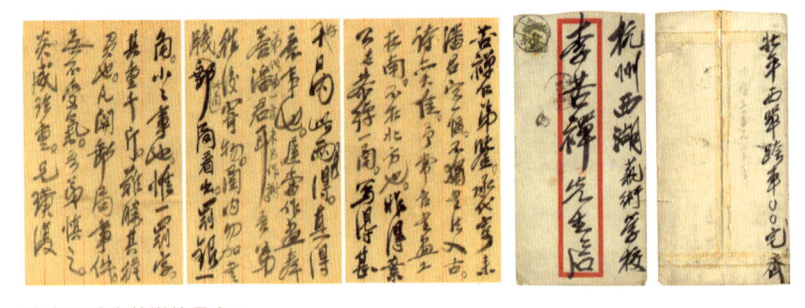

齐白石致李苦禅信函之一

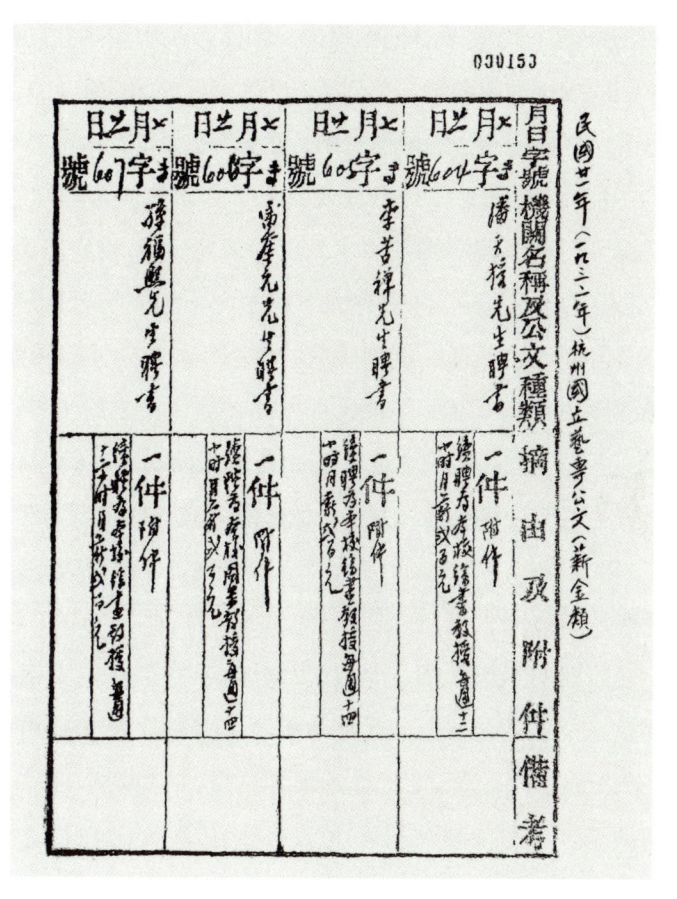

民国廿一年（1932年）杭州国立艺专公文（薪金类）

外画家并聘的方法，他不顾别人的非议，第一次邀请齐白石到校任教，同时邀请了克罗多、齐蒂尔等外籍教授。1928年创办国立艺术院（国立杭州艺术专科学校前身）时，他把当时已经留学回国的油画家蔡威廉和她的丈夫林文铮等也先后请来，还邀请克罗多教授来到西子湖畔。

林校长又聘请了一位俄国的雕塑家卡姆斯基，他是法国大雕刻家奥古斯汀·罗丹的学生。卡姆斯基的到来，让学生能够直接感受法国雕塑大师罗丹的创作理念、创作方法和要表达的意境。对比中国的传统宗教雕塑，这无疑是一种全新视角的影响和启发。

至于大写意花鸟画的课程安排，更是用心极细。因吴昌硕、齐白石均不能直接到杭州，林风眠特别将潘天寿和李苦禅同时请来授课。潘天寿和李苦禅接受美术教育的路径不同，所追求的风格不同，正因为存在差异，才更有利于推进大写意画的全面发展。

每当苦禅先生回忆在杭州任教的那四年，最令他感到惬意的是带着学生到湖里写生，那种泛舟湖面才能体会到的境界，那种进入藕花深处、"惊起一滩鸥鹭"的诗意，激发出人们内心的多少美妙的想象和表达的欲望啊！林风眠在校内设置了一个"动物园"，供大家写生，其中鱼鹰是李苦禅最关心的，每天他都去喂食、观察。不久，他发现鱼鹰身上的羽毛不整，脏兮兮的，若照此来画，必显残羽颓唐之相。他赶忙请教附近的渔人，方知鱼鹰必须经常到水里去放游才行。于是他和学生驱赶着鱼鹰来到西湖边上，正准备轰它们下水时，远处走来了巡警。巡警对李苦禅说，不能让鱼鹰下水，它们会吃湖里的鱼。虽然巡警说的是杭州土话，但知道了大意；李苦禅的那一口山东话，也只让对方听了个八九不离十。总之，师生们四下的南腔北调，又连比画带指点，总算让巡警懂了。最后巡警也乐了，说："待我查过这一段路，你们再放下去，可千万别让它们逮鱼啊！"此后，师生们经常择机放鱼鹰下水，很快几只鱼鹰长得水灵灵的，成为大家十分珍惜的"模特"。

生活是艺术创作的源泉，正如曹雪芹如果没有祖上做江南织造的经历，他写不出《红楼梦》一样，在杭州的四年，使李苦禅感受到浓烈的江南文化的气息。历史上大写意花鸟画名家多出于江苏、浙江、江西、湖南、安徽。生长于鲁西多难而贫瘠土地上的李苦禅沉浸在天堂杭州之后，饱饱地吸纳和享受了一番山水自然和历史文化的滋养，西湖给予了他心灵和情感上丰沛的养分。

这四年中李苦禅拓展教学视野，多方探讨教学方法，与此同时为增加自身修养等方面做着各种积累。

在林风眠开明办学方针的指导下，李苦禅有了施展才能的机会。他把京剧引入了写意画的课堂，并且组织学生们实践演出，体验"写实"和"写意"的不同境界。如果说将"裸体模特"引进中国的美术学校是创举的话，把国粹京剧引进高等美术的课堂也是一大创举。因为这意味着教员不但要懂戏，而且要会唱、会演，特别要会说戏。正如当年著名教授赵元任先生，他在课堂上讲的是文学，但凡涉及"曲"的时候，他马上可以一边表演一边拍曲，无声的文字顿时呈现出语言的音韵之美，塑造出形神兼备的人物，有动作、有情感，这样的课堂气氛能不调动起学生的情绪吗？

话剧表演艺术家杜澎是李苦禅的学生，他曾回忆苦禅先生调动学生情绪的细节，一看学生没听懂或者走神犯困，他马上讲个笑话，或者演一段与教学有关的京剧，嘴里念着锣鼓经，学生的精气神马上就起来了。

在杭州遇到卡姆斯基，也是非常有意义的。尽管李苦禅没能赴法留学，但并未影响他研究西方的绘画和雕塑。他带着国画系的学生去观摩卡姆斯基艺术创作的过程——"加法和减法"，通过对一件雕塑作品创作过程的观察，能体会到高度概括的创作"结果之美"和"手段过程之美"，体会到"流动与凝固统一之美"的写意艺术境界，体会到西方所称的"抽象""概括"与"中国写意"的异同之处，并将其融合到大写意绘画中，用以相互印证。

杭州时期是李苦禅教学和创作最初的活跃期。当时的国人，尤其是北方人，对杭州美景充满了奇妙的幻想。那时通讯不便，交通又不发达，绝大部分没去过杭州的人竭已所能发挥想象力，以至于把传说中发生在西湖的美妙故事越传越神。最为大众所熟知的当然是《白蛇传》，并由此可以联系到相关的地名和景点，其中雷峰塔的知名度最高。

李苦禅对学生说，白居易在杭州做刺史时写了不少诗，这"孤山寺北贾亭西，水面初平云脚低。几处早莺争暖树，谁家新燕啄春泥"，写得多好啊！下一句"乱花渐欲迷人眼，浅草才能没马蹄"，迷了眼，没了马蹄，这是为即将出场的姹紫嫣红与勃勃生机铺垫；诗词的结构与画论上说的要义"经营位置""随类赋彩"是一个意思。最后两句"最爱湖东行不足，绿杨阴里白沙堤"，白居易要不是在杭州住了那么多年，他写不出如此高明的诗来。同时，如果你不到大自然中去观察、体会，也画不出好画儿来！

西湖畔岳王庙是李苦禅几乎天天必去的地方，他的居所就在岳王庙的后身。每天一早，沿着庙后的小径，踏着带露水的青草，他先到庙内墓前敬拜，再转身唾斥跪地的秦桧夫妇铸像，方才出门到学校上班。李苦禅从来不直呼岳飞的名字，一辈子都尊称为"武穆将军"。如果说高唐为李苦禅植下了深深的爱国情怀，那么在杭州生活的这几年，周边的文物与历史遗迹，更增加了他一腔热血中的悲壮与豪迈。

从1919年到1930年，山东青年李英杰已成为蜚声画坛的李苦禅教授。但无论是在北京还是杭州，无论身份是学生还是教授，他始终站在进步和光明的一边。当年的学生郝力春，即著名版画家力群，回忆苦禅先生掩护他们成立木铃木刻版画社的情景时，动情地说："当时同学们称苦禅先生为赤色教授，不时地约着到李先生家里去喝茶，其实就是开会，他给我们很大的支持！"木铃木刻社的成员力群、曹白、胡一川等，后来都去了延安。

台北故宫博物院原副院长李霖灿当年也是苦禅先生的学生。因为家境贫困，到年底付不起学费，即将被除名。特别让李霖灿感动的是，在他不知情的情况下，苦禅先生帮他交上了学费。因贫困读不了书的痛苦，李苦禅自己太有体会了！这件事李霖灿一直记得，时常向众人谈起，他对苦禅先生感恩终身。

在杭州任教期间，苦禅先生不断往来于南北方，积极地发挥着文化沟通与交流的作用，即使平日里与恩师的信件往来中他也在努力地做着这些事。1933年，齐白石先生在写给李苦禅的信中有这样两段话：

苦禅仁弟：来函悉。柏林美展筹备会十一月十一日并陈列出品……徐悲鸿君在巴黎开画会，携去白石之画数幅，弟言外人甚钦服，未知属何幅能得外人赞许。弟如能见此报纸，寄来一看可矣。

白石之画册第三集及今年所刻之诗草，弟如有友人需一看者，可多寄几份，不取版费，交弟赠人。

在第一段话中，齐白石得知徐悲鸿带到巴黎的自己的作品得到好评，很希望知道是哪些作品得到好评，这就像现在人说的，想"听听观众的意见"，特别是西方观众的反映。另外还可看出李苦禅会经常地将外界的议论和评价转告给恩师；他一辈子都称赞恩师的谦虚为人，能听进去别人的建议。信中所言"不取版费"而多寄画册给李苦禅，并嘱其"赠人"，可见二人相互信任之深。

至于李苦禅离开国立杭州艺术专科学校的原因，仍然是与他对社会的认知和仗义的性格有关。1934年夏参加进步文化活动的

齐白石致李苦禅信函之二

张仃（张贯成）在去朋友凌子风家的路上，被宪兵抓住，二人一并被押送到南京。李苦禅得知后直奔南京，又听说他们二人被改押至苏州反省院，他又托人打听行踪并追到苏州，以名画家、名教授的身份与反省院交涉："他们是我的学生。"并且托关系了解到逮捕他二人的"底"，决定签字作保。此事惊动了林风眠校长的一位"秘书"（国民党人），他扣下聘书，辞退了李苦禅。李苦禅遂愤然离开杭州，短暂辗转于南京等地，最终回到了北平。

第三章 「所谓人格,爱国第一」

虽然李苦禅的个人生活陷入了窘境,但是意志却更坚强,他参加了一二·九学生运动的游行。北平沦陷后又辞去了一切职务,把柳树井二号开辟成八路军的情报站,把卖画款转送给八路军。他说『所谓人格,爱国第一』。他是这样说的,也是这样做的。

回到京城 重新起步

1934年，李苦禅满怀愤懑回到北平。

因为婚姻解体，凌眉琳另嫁他人，长子李杭刚刚两岁，父子二人无处安身，只好暂住在西单区（后改为西城区）柳树井2号的凌家，谁知这一住就是十年。

柳树井位于现在北京市西城区复兴门立交桥的东南侧，现为中国教育电视台的所在地。在北京的城墙未拆之时，它就是西城根儿了，距西单十字路口有两站地。复兴门是后开通的城门，所以没有城楼，只有一个大城门洞，供人们来往，十分方便。这片地方的老居民多，特别是有不少没落旗人，故而仍然保持着老北京人的很多生活习惯、规矩和风气。柳树井2号院内的两间窄小的南屋就成了苦禅先生的住处。柳树井胡同不长，接近"丁"字形，有三个出口，西边就是城墙根儿，交通方便，位置僻静，为在北平沦陷后，苦禅先生参加地下抗战工作，为在这里建起八路军情报站提供了方便。

凌家长子、凌眉琳的大弟弟，即著名电影导演凌子风。根据凌子风的回忆，他们家是满族，后定居于四川。他的母亲张敏娴是一位善良贤惠、洞明是非的人，其父却不顾家庭与子女，另置外室，将一切重担留给了张敏娴。当李苦禅带着李杭返回北平后，直接投奔了"前岳母"家。看到幼子有姥姥的呵护，他心里才踏实些。

婚变使李苦禅十分痛苦、郁闷，老朋友们都知道，此时的他经常借酒浇愁，看着幼小的儿子，常常痛哭流涕。幸好有恩师齐白石先生和吼虹社好友们，尤其是王森然先生的劝慰、鼓励和支持，他才逐渐恢复了正常的生活。

经过多年实践，李苦禅在教学方面已经积累了相当丰富的经验，业内人士多愿聘他任教。当时，北平有不少美术专门学校，许多学校也开设美术专业，而且各具特色。

1924年，王悦之创办了私立北京（平）艺术学院，至1934年已有十年的办学历史了。

1924年，姚华和邱石冥联手创办了私立京华美术专门学校，位于端王府夹道。这所学校办学时间最长，成绩非常突出。邱石冥先生不但有教育思想而且有实干能力，在他的主持下，中西绘画和音乐界的很多精英教师先后在京华美专（后扩为京华艺术学校）任教，邱石冥本人也时常有文章、画作发表。

1931年，张恨水又创办了北平华北美术专门学校，开设中国画、西画等专业。当时齐白石、王梦白等先生均曾在该校任教，特别是由于刘半农先生参与教务，使该校的名声更大了。

自1927年林风眠请齐白石任教于国立北京艺术专门学校后，齐先生一直与该校保持着联系，他曾赠该校一幅《松鹰图》，画上题字为："乙亥春旧京国立艺术专科学校开教授所画展览会，此《松鹰图》亦在校展览，校长严季聪先生见之喜，余即将此幅捐入校内陈列室，永远陈列。齐璜。"乙亥即1935年，可见齐白石先生当时或长期或短期仍被聘来授课。除此之外，还有一些画家个人创办的画室授课，总之，在当时近二百万人口的北平，有如此多的美术学校和美术专业教育，还是很可观的。

齐白石 1935 年作《松鹰图》，这幅作品赠国立北平艺术专门学校

李苦禅返京后就在京华美专和北平美专任教，挚友王森然也积极地协助他出版画集、举办画展等。

李苦禅与赵望云、侯子步、张伯武在北平中山公园的来今雨轩举办了画展，用卖画的钱来安顿生活。王森然为安抚老友，常请他到家里去作画畅饮。一天，李苦禅画兴大发，抓把棉团蘸墨就画了一幅《竹荷图》，旁人十分惊讶，继而赞赏，齐白石先生在这幅画上题道："苦禅仁弟有创造之心手，可喜也！美人招忌妒，理势自然耳！"肯定成绩之外，似乎又在预言这位弟子未来的跌宕起伏。

用棉团作画是李苦禅颇有创意的画法，在他晚年创作巨制《盛夏图》时，他还用当时擦汽车的棉纱来作画。无论是棉团还是棉纱，只要能在宣纸上达到浓淡干湿的目的，什么好用他就用什么。

对作画工具，李苦禅在杭州时就实验过，比如与潘天寿先生探索"指画"一事，他在晚年时常回忆："指画并非完全用手指画，有时用蚕茧套在手指上，或用木棒与宣纸捆绑在一块儿，或

左为李苦禅 1934 年《竹荷图》，右为齐白石题字（局部）

大或小，出来的效果与毛笔效果不一样。"尽管李苦禅做过多种尝试，但他始终不主张以什么"特技"来"制作"，而坚持以毛笔来"创作"。

1936年，他的个人画集由北平炳林印书馆出版，画集内收录了30年代初创作的作品十七幅，齐白石先生为其题签，王森然在1935年为其作序：

> 苦禅，李姓名英杰，山东高唐人。家贫苦，性刚直亢爽，能急人之急；胸怀宽和恬淡，尚善若谷，酷嗜美术。民八来京，入勤工俭学会，专攻铁工。继至北大画法研究会学习西画，颇能自创风格。初组织九友画会，曾以豪放恣肆，惊动艺坛。后又发起中西画会吼虹社等，为中国新兴画派之开端。历任北平市立师范，华北大学，杭州国立艺术学院教授。独具艰苦卓绝之精神，不袭雅人名士之行径，为白石山翁之高足。字工汉魏碑，于规矩谨严之中，极神明变化之妙。近画山水花卉虫鸟，无不精绝，以纵逸之笔，寓朴穆之神，研精覃思，尽变古法，沉郁雄浑，大气磅礴，扫除蹊径，另辟幽异。白石先生谓英也过我。又曰英也无敌。又曰若老死不享大名，世无神鬼。可谓推崇备至。诚挽近以来，艺坛不可多得之杰才。余十年前尝为文述其创造之大胆，谓神工鬼斧，是灵魂之冒险者。苦禅年未及三十，已卓然成家，携清风两袖，秃笔一枝，载游南北，十余年来，车尘所到，倒屣争迎；今旅倦返平，讲学从游者甚众，济济盈门，早不暇接，兴之所至，仍伸纸吮墨，挥洒不稍辍。友辈蒐集其近作数十帧付印，属余序之，余不善为文，谨述所知如此。

李苦禅画册页《清供图》赠王森然，齐白石先生在画上题道："英也过我。"给这位弟子很大的鼓励、很高的评价。

李苦禅所住的柳树井2号距齐白石寓所的跨车胡同不远，齐宅在北、柳树井在南，都在西单牌楼以西，王森然先生住在西四附近，当时还有王青芳、侯子步等人频频来往，多有交流。总之，回到北平的几年中，李苦禅的家庭生活虽然处于困境，但有恩师的鼓励、友人的宽慰，他逐渐振作精神，继续在绘画上寻求突破和探索。还和青年学生一起参加一些爱国活动。

社会影响大了，跟随李苦禅的学生也多了，其中三位对他的人生有着重要的影响，即黄奇南、张启仁、魏隐儒。

黄奇南是广东揭阳人。1935年，他自家乡来到北平，先在大同中学读书，后考入张恨水创办的北华美专，并加入了"民先"组织（即"中华民族解放先锋队"），参加了一二·九运动。在学校

《清供图》1935年

学习期间他拜李苦禅为师，与老师的关系一直很密切。中华人民共和国成立后，黄奇南在故宫博物院工作，是画馆的负责人，直至离休。

1935年，张启仁正在京华美专上学，是李苦禅的学生，常到老师家去，他还爱带着年幼的李杭玩耍，帮着老师跑跑腿儿，到南纸店送画、裱画等。当时他已是"民先"队员，北平沦陷后他去往延安，1949年被派到东北任职，一直担任美术界的领导工作。1965年经周恩来总理安排，他调往中央美院任副院长。

黄奇南、张启仁在同一时期受教于李苦禅，又先后参加了"民先"，加入了中国共产党。他们和李苦禅、王森然两位老师志同道合，有着深厚的情谊。

1935年，日寇调集大批军队入关，威胁平津。1935年7月国民政府的何应钦与日本华北驻屯军梅津美治郎签订了《何梅协定》，妄图"华北自治"，实际上无异于将整个华北的政治、经济与军事控制大权奉送给日本。在此国运危机时刻，10月1日，巴黎出版的《救国报》上发表了《中国苏维埃政府、中国共产党中央为抗日救国告全体同胞书》（即《八一宣言》），呼吁停止内战，一致对外。1935年底，汉奸王揖唐等组织了"冀察政务委员会"，实为代表日本将华北变相"自治"的机构，此举引起了各界爱国人士和北平青年学生的激烈反对。12月3日，北平学联通过了"反对任何华北自治组织"和"联络各大中学发起大规模请愿"两个议案，6日发表了《北平各校通电》，当日华北大学的学生自治会联合通电国民政府行政院与社会民众，反对所谓的"华北自治"，动员全国抵抗力量开展民族斗争。黄奇南、张启仁都是此次学生运动的积极参与者和中坚力量。

1935年12月8日，张启仁将由燕京大学召集的各校代表会的决定，明日到东长安街的外交大楼（即妄图"华北自治"的"冀察政务委员会"计划成立的地点）进行示威游行的信息，告知了老师李苦禅和王森然。尽管当时李苦禅身处逆境，但在国家危难之际，他仍然以铁肩担道义的勇气参加了游行。两位教授慷慨激奋，坚定地走进了游行队伍，这就是载入史册的一二·九运动。

清晨，寒风刺骨，那是北平入冬后最冷的一天。在游行队伍里，黄奇南、张启仁和他们的老师李苦禅、王森然肩并肩手挽手，带领大家高呼"反对华北自治""收复东北失地""打倒汉奸卖国贼""反对内战，一致抗日""打倒帝国主义走狗"，一时间，口号声、爱国歌曲声震撼天地。军警用高压水龙头喷射游行队伍，还抽打、抓捕爱国学生，但大家没有被冰冷的水柱和警棍驱散，反而对军警们展开了强大的政治攻势："我们爱国抗日有什么罪，你们凭什么抓我们？""军队不抗日，却镇压爱国学生，你们还是中国人吗？"在强大的压力下，到晚上，被抓的学生就获释了。此时的张启仁，直接由中共党员侯维煜领导，他把"民先"的一些活动也告知了李苦禅和王森然，得到了他们的坚定支持，"国家兴亡，匹夫有责"一直是李苦禅、王森然等前辈的座右铭。

北平沦陷以后，张启仁去往延安，黄奇南留在了北京。

李苦禅（前）与王森然早年合影

黄奇南的父亲非常喜爱李苦禅雄浑豪放的画风，命儿子正式拜师，特意安排在中山公园来今雨轩设宴，黄奇南行了拜师的大礼。学生叩头之后，李苦禅赠给他自己画竹子用的一支狼毫笔，黄奇南保存了一生。

自此，常去柳树井2号习画的黄奇南又与李苦禅一起为抗日救国做出了特殊的贡献。

此事还得从李苦禅回到北平那时说起。因生活窘迫，他经人介绍到天津开画展卖画，由此认识了性格豪爽的袁祥峰。

袁祥峰生在北京郊区，是国民党南苑驻军的军人，后来转到二十九军三十八师，成为张自忠的部下。1936年张自忠兼任天津市市长，他又被抽调到天津财政局工作。

李苦禅到天津办画展时受到三十八师很多山东老乡的欢迎，于是袁祥峰就安排了一次老乡相见的酒宴。袁祥峰血气方刚，两人结识后颇有相见恨晚的感慨。两人都对九一八事变、日本侵占东北，老百姓遭受的苦难和国民政府的软弱无能非常气愤："咱们中国人应该奋起抗日……"两人越说越投机，自此成为经常往来的挚友。

袁祥峰曾深情地回忆：

苦禅开朗，心直口快很直爽；我也是快言快语，谈话很投机，他邀我"有时间晚上到我住所去聊聊"。过了几天，我到他的寓所去了。那时常说"在家靠父母，在外靠朋友"，能遇到的知己很少。我们就从九一八事变谈起，谈谈怎么都怕帝国主义呢？为什么一枪没放，土地就让给日本人了呢？咱们中国为什么就得遭受几个帝国主义国家的欺负呢？我们俩促膝交谈，十分坦诚。当时蒋政府的宪兵三团，不知杀了多少进步青年学生，我们俩都很气愤，从此……虽然时间很短，但是气氛很融洽，没过几天苦禅就离开天津，我们成了相识相知的好兄弟。

1937年7月7日卢沟桥事变的当晚，袁祥峰住在南苑三十八师的独身宿舍里。当时听到密集的枪炮声，他自知出不去了。次日清晨，他所在的部队都撤走了，东撞西撞地也找不到自己人了。由此，他想到了豪爽的李苦禅，干脆先进北平，上李苦禅那里去躲躲吧。

让他没想到的是，这么一位大画家就住在两间小南屋里，有老有小，生活艰难，上顿不接下顿。但是令他敬佩的是，李苦禅坚辞了一切"公务"，决不接近汉奸，不参与汉奸敌伪的任何事情。

袁祥峰一看此情，本想另寻他处，李苦禅却诚恳地说："别走了，打听打听部队上哪儿了再说吧。既来之则安之。"

人生往往在偶然间突现转折，就在此时袁祥峰认识了黄奇南。

黄奇南的本家伯父黄浩是一位长期从事中共秘密工作的老同志，在他的影响下，黄奇南很早就参加了革命工作，他的任务是暗中和边区来的人进行联络，并且动员一些爱国青年参加八路军，同时调查汉奸的活动。袁祥峰整日躲在李苦禅家里，非常苦闷，就跟黄奇南打听怎么能上前线抗日。黄奇南告诉他，参加八路军就能抗日，黄奇南说自己就可以帮助他。

袁祥峰就问黄奇南："你知道不知道青年学生在城外郊区打游击，参加八路军了，有没有这事？"黄奇南笑了笑说："这样吧，我去多打听打听。"李苦禅说："走，走咱们就一块儿走。"袁祥峰对李苦禅说："你有家庭负担，又有地位，不能和我比，我是军人，保家卫国是军人的天职。"在向伯父黄浩汇报之后，黄奇南就把袁祥峰送到冀中，参加了八路军。到冀中参加八路军时，袁祥峰怕李苦禅担心，是背着他走的。事后李苦禅才得知袁祥峰已参加了八路军。

见此情景，李苦禅说："我也要参加八路军抗日去，跟你伯父见见面！"黄奇南在回忆录中写道："当时地下工作都是极保密的，约在北海公园九龙壁那里让他俩见面，极像电视剧《四世同堂》中的镜头。我伯父告诉李老师，你有社会地位，这是搞地下工作最好的护身符，不必非到边区去。"

李苦禅同意了黄浩的这个建议，表示要参加革命，做地下工作，可以以他的家为联络点开展活动，于是黄浩专派了另一位同志和他联系。分手的时候，黄浩把自己在新街口簸罗仓胡同的地址也告诉了李苦禅。黄浩是很有社会经验的老同志，他看出李苦禅是有担当的正直、爱国的画家，所以才决定在柳树井2号设立地下联络点。这个联络点在日后发挥了很大的作用。

袁祥峰参加革命后，被调到八路军三八五旅，组织上安排他利用社会关系打入敌人内部，于是他又回到了北平。他先到了柳树井2号，请李苦禅设法为他弄一个"良民证"，然后帮他找各种关系。李苦禅凭着他的人脉关系，给徐州治安总司令王之青写了封信，介绍袁祥峰去徐州。见到李苦禅的介绍信，王之青就派袁祥峰到第二纵队总部任少尉副官，就这样，他成功地打入了敌人的内部。

袁祥峰说："做地下工作'挂'不上不行啊！为开展工作，再给苦禅发信，让他给我发电报，就说母亲故去，让我回北平办丧事。电报打出后，我就请假回到了北平。到了北平，我即刻返回太行。苦禅帮助我完成了打入敌人内部的这一关。"

袁祥峰还回忆道：

  做地下工作必须得经常来回跑，老得找理由编瞎话，于是我再叫苦禅来信，说有事，让我回北平。哪儿是啊，我又去找新四军了！到了张家围子。谁接待的我呢？第四师师长彭雪枫。彭雪枫在酒席宴上说："我代表新四军党委接待你，你在徐州等于一把刺刀，刺在敌人心脏一样。"那时，苦禅跟我配合得非常好，也保密，我也不敢暴露苦禅啊！那时候就是抗敌嘛，爱国主义嘛！牺牲不是问题！我调任八路军三八五旅政治部，作敌军工作。当时我患有严重的脱肛，行军很不方便，太行又缺医少药，我便要求去北平治疗。在得到军党委的批准后，谢富治找我谈话，说有一件机密之事要我去完成。我立即答应下来，表示见机行事。当时解放区缺医少药，组织上让我在北平弄一份"良民证"，便于往返买药。后经苦禅托人，我得到了"良民证"，户口就落在苦禅的住所，我化名陈开运，伪称是苦禅亲属，圆满完成了任务。（据袁祥峰口述电视采访整理）

豁出性命斗上村

1939年北平已经沦陷了两年，日本侵略者在文化艺术学校和政府机关等处安插特务汉奸，以监视爱国人士的动态。上村喜赖就是专门负责监视文化艺术界人士的头目。李苦禅的活动成为他的目标，于是发生了师生同铐被捕的事情。

魏隐儒先生是北京中国书店的古籍版本研究专家、画家，20世纪二三十年代由原籍河北辛集考入北平的学校，毕业后担任过小学校长等职，早年即拜李苦禅为师。魏隐儒为人淳朴敦厚，为老师分担了许多繁杂的事务，几十年如一日地维护在老师的身边。李苦禅再婚也是他到济南帮助张罗的。

尽管二人是师生，却更似兄弟。魏隐儒文章中回忆：老师曾给我作画两帧，一为不倒翁，喻当时的汉奸走狗。题曰：《大官风顺图》，"有乳为母金为爷，奴颜婢腿三世节"。讽刺有些汉奸走狗，卖国求荣，倚仗权势欺压百姓的丑恶行径。一为墨兰，题词曰："曾记宋人写兰而无根无土，或有问

1939年李苦禅（右）与魏隐儒

抗战时期作《大官风顺图》　　　　　《墨兰图》

之曰：'奈兰无土将何以生？'即曰：'土被金人夺去矣！'文人为社稷之怀抱如此，其伟大可知矣。"七七事变后，国土沦丧，甚于金宋时期，抚今思昔，能不慨然！苦禅先生以题画借古喻今，可知其对祖国热爱之忱！

据魏隐儒回忆，当时经常有两个特务，一个叫王云豪，一个叫吴梦松，借交朋友为名，到柳树井2号的家里串门，时而借钱时而索画，明侦暗探，然后把李苦禅支持爱国抗日青年的行动汇报给日本宪兵队。在日寇和特务的监视下，李苦禅被捕了，魏隐儒也同时被捕了。他写文章回忆："一九三九年五月十四日黎明时际飞来横祸，这天我恰留在先生家。一身着中国黑大褂的日本宪兵，越房入院，踹开屋门，不问青红皂白，搜身后将我师生用一副镣铐绑架上了卡车，作为八路军重要案犯，关押在沙滩北大红楼底层宪兵队牢狱中。师生备受酷刑，棍打、鞭抽、灌水、压杠、火燎，刑讯逼供，罪名是'勾结八路军'。抽得我皮内出血，昏迷过去。先生是个硬汉子，面对敌人破口大骂，坚贞不屈，用尽了各种刑具，也未逼出任何口供，因案情重大，硬是判成死刑。但因为没有任何证据，最后刑讯压杠子时铁链竟也折断；据说他们迷信，从此便不再用刑，改用交朋友的方式，想'放长线钓大鱼'。先生和我都经受住了这种严峻的考验，发扬了民族气节。日寇考虑到先生的社会影响，又查无实据，于是无条件地将我们先后释放。"

后来在拍摄纪录片时，李苦禅又详细回忆了事件经过：

日本鬼子占北京时，我住在凌子风家里的一间南屋，没做事（注：即没做伪政府职务之事），生活全靠卖画。一天，与我学过画的魏隐儒来家，因天晚，城门将关，我让他睡在我屋里，刚睡下不多时，听房上有人声，院内也有人声，忽然冲进一批便衣来，约十来个，用枪顶着我们两个人，把我们戴上手铐就逮走，我问：犯了什么法？他们不听，便将我们拖进大汽车里，车里早有五六个被捕来的人。

后进了他们的宪兵司令部（注：即沙滩的北大红楼），监狱内四壁厚木板，只留一花棂小门，钻爬出入。壁上尝看到被逮进的人的"留字"。天天听到打人、杀人的惨叫声音。我寻思他们为什么抓我呢？大概我想是这个缘故，我不做日本差事，住在凌家常不断有人来我这里，便引起街警、汉奸的疑心，或许他们认为我和八路军有往来。或许我认识的人中有做八路工作的为我所不知，如果被他们逮住了，查社会关系，牵连到我……被逮捕后，经受多次惨刑，真是九死一生。

后来一次又提审我，提调我的是个中国翻译，叫高翻译，他一边推着我大声喊："李苦禅快走！快走！"一边小声说："他们今天要放你，你仍要硬一点，顶住就过去了。"我听他这一句话，更作了硬的准备。暗想，这个高翻译平常看他对监狱里的中国人都还和气，还有点中国人的人味。他们日本人定查不出我什么来，我仍要作硬的准备。到了过堂，审问仍旧是上村，他先吓唬我，我经他审问多次，他的嬉笑怒唬、狡诈手段，早已熟知。他让我招供，我仍说："素日无党无派，只熟知画画。"他又说："你不知道八路军在北京周围的活动？"我说："你们每天看报，我圈在这里，我哪知道！"后来上村慢缓地

原北京大学红楼

说:"我们日本专制得厉害,你若说了实话,我可以向我们长官请求请求,放你出去。"此时我硬着不作声。又住了一会,上村说:"向我们长官请求多少次,今天要放你出去。"一旁高翻译急忙说:"上村军官今天要放你,李苦禅!你还不感谢他。"我马上知高翻译的用意,要放我。上村缓和地说:"放你出去,你什么也不要说。"

我被放出来到了家,街坊邻里老少马上拥满了院子,有人含泪问我:"身上受伤吗?腿脚受伤了吗?出来了就万幸!"还有送酒送菜的,老人们谓之"压惊"。我一时感动得落泪。

又住了些时候,我的身体已完全养好复原。目前的生活没办法,我找了些旧存的画,就往天津开画展卖画了。

我回来后,凌老太太(注:凌子风之母)对我说:"你去天津不久,上村穿着中国衣服,我也不认识,就来了。他问我:'苦禅哩?'我说:'他不是遭一场事情吗?生活又不好,养好了伤就去天津卖画了。'他说:'苦禅回来我再来看他。'说着就走出大门。"凌老太太一直把他送出大门,等回到上房,见桌上名片有"上村"字,马上吓得她就蹲在地上。从此后上村再没来找。

李苦禅带着儿子李杭住在凌家十年,与凌家长子凌子风、五子凌靖交往很深。凌子风很尊敬他,后来回忆说:"他就坚持不给日本人干事情,不给日本人画画,一直到日本投降,生活很苦,但他是个硬汉子。这个人是一个真正的艺术家,是了不起的艺术家。拿我来说,学习苦禅,还要学习苦禅的为人。我觉得在我身上,苦禅对我的影响是很多的。"凌子风在李苦禅的建议下奔赴延安参加革命,曾一度任毛主席的专职摄影师,中华人民共和国成立后与夫人石联星拍摄过许多优秀的电影。

1963年作家柔石创作的小说《二月》被改编成电影《早春二月》上映,引起社会轰动。影片中的肖涧秋是一个有良知的热血青年,他深感社会的不公,却又没有勇气冲出内心的羁绊,这是当时大部分青年人的表现。但李苦禅

1938年在北京柳树井2号,李苦禅抱着儿子李杭

不属于这类人,穷苦的出身和山东人疾恶如仇的脾气,塑造了他爱憎分明的性情,尤其是在民族存亡的紧要关头,他态度鲜明,行为果敢,义无反顾,这就是他参加八路军地下情报工作的思想基础。在狱中高颂文天祥的《正气歌》:"天地有正气,杂然赋流形。下则为河岳,上则为日星。于人曰浩然,沛乎塞苍冥……时穷节乃见,一一垂丹青。"体现了他身上的中华民族的气节。

隐蔽的柳树井2号

抗日战争全面爆发后，许多大学的师生纷纷迁往西南，但仍有文化艺术界人士因各种原因留居北平。日本侵略者为了实现侵占中国的野心、实现"大东亚共荣"的骗局，特请当时的著名文士如周作人等，出面邀请各界名流、教授、学者参加新民会等汉奸组织。李苦禅也在被邀之列，但他拒绝加入，并辞去了一切"公职"。那八年里，他靠画画维持生计、支援抗日，并在柳树井收留和帮助转移了许多去解放区参加革命的青年。除此以外，他还有一项特别的宣泄愤懑的方式，那就是几乎天天带着李杭到前门老爷庙向京剧名票纪文屏先生学戏、喊嗓子，在《忠义千秋》的大匾下唱唱《刀劈三关》《洪洋洞》，以发泄胸中的积郁……尤其是那段刘（鸿声）派唱腔："想起了朝中事，牙根咬碎！"

老朋友们四散地窝在这座古城里，可他们也得生存，也想创作，于是逐渐出现了一些中小型的文化团体。1938年，由侯子步出面组织了艺术研究社，社员有李苦禅、蒋兆和、王青芳等。

1942年，张汉存、黄奇南、李苦禅等共同创办了艺术研究室。

但是身处国破家亡的境地李苦禅内心燃烧着抗日救国的烈焰，"国家兴亡，匹夫有责"的抱负和勇气使他不断地为抗日做贡献。

熟悉李苦禅的人都知道他一生就没富裕过，生活总是紧巴巴的。为什么成名甚早，在经济上却如此拮据？仗义疏财、好打抱不平是一方面，而当他把自己的命运和抗战救国的正义事业绑定在一起的时候，那"钱"就不仅仅是为生存了。老百姓常说："一文钱难倒英雄汉。"李苦禅却常常扮演"难不倒的英雄汉"，因为他能吃苦、能忍耐、能扛事儿，再难也会扛过去。关键时刻，他绝对会放弃"小我"；危急关头，他总能挺身而出，就这一点而言，他的确和官宦之家、书香门第出身的文人有很大的区别。

苦禅老人晚年曾说："当时共产党的工作经费相当紧张，几乎全要靠自己去想办法！我没别的本事弄钱，只能靠卖画来筹集呀！"

1938年1月，老友郝冠英来到李苦禅的居所，对他说共青团北平市委书记李又常（又名李续刚）交给她一项紧迫的任务，春节前要护送一批同志去延安，但缺少路费，必须在五天内筹集两千元。要知道，当时花两块钱可以买一袋面粉，两千元可不是个小数目。

李苦禅一听就乐了，笑说："你可来巧了，我刚在天津办画展卖了两千多块钱，昨天学生魏隐儒刚给我送来，你拿去吧！"郝冠英一听又惊又喜，惊的是没见过这么豪爽的大汉，喜的是这笔路费这么快就筹齐了！她连声道谢："二哥，我代表去延安的同志谢谢你，共产党不会忘记你的贡献！"

郝冠英又名郝鲁伟，1927年参加革命工作。早年间李苦禅即与她有联系，援助了"左联"的工作。郝鲁伟一直在河北工作，后任河北省妇联主任，由于对李苦禅的经历和为人很了解，她认为这样一位对党的工作、对抗日战争、对革命事业做出卓越贡献的艺术家，应当让社会知道他的事迹，给他一个明确的定位。

其实李苦禅自己也记不清为地下党活动筹集过多少经费、做过多少工作了。他从来没想借此"光荣历史"达到什么个人目的，也从来没想过要沾什么光。

1980年4月的一天，李苦禅忽然收到一封"小姑娘"的来信。信中写道：

> 苦禅老师：您好！恐怕您不记得我了，我这样称呼您，是因为曾得到过您的帮助。倒回去四十多年，大约是1938年夏天，穷学生念不起书，想找革命出路，那时还是一个小姑娘的我曾得到过您经济上的援助。在临去解放区的头几天，您还为我们饯行，请我们吃了火锅。当时有余鑫元、文敬之，不知您还能记起来吗？参加革命后，我在部队文工团当演员；解放后，我一直在东北工作，我今年五十八岁了。前几天在电视里见您老，仍老当益壮，正挥毫作画，我不禁感慨万千……

信末署名傅先芳。读完这封信，李苦禅的眼圈红了，他想起了许多往事……

1939年隆冬，寒风凛冽，李苦禅偕长子李杭到天津法租界滨江道永安饭店举办"李苦禅画展"。一时间，永安饭店门庭若市，还没正式开幕，六成的作品就都有了主儿。当时凡是被买家认购的作品，一律挂上红布条，写上收藏人的姓名，迟来的买家，只好"望画叹息"了。画展结束后，李苦禅立即让"黄浩地下工作组"的成员把钱取走，给地下组织作经费。为了御寒，父子俩只买了帽子和围脖，两手空空地返回北平的家中。

1940年夏天，李苦禅又偕长子李杭来到天津的"三不管儿"租房，作画、卖画。"三不管儿"一带的老百姓很喜欢这位豪爽健谈、技艺超群、学识渊博的山东汉子，富商和洋行的阔佬也闻讯而来，十天内，所有字画被认购一空。李苦禅父子俩守着卖画的钱，分文未动，又以同样的方式迅速把钱交给前来取款的"黄浩组"

的地下工作者。几次去天津办展卖画，使李苦禅名冠津城，人们都觉得他发了大财，可谁也不知道他卖画所得巨款的真实去向。

李苦禅奔走多处办展卖画的历史，世事沧桑，实在难以找到详尽的纪录。但在一个偶然的机会，九三学社的冀勤女士提供了一篇宝贵的回忆文章《李苦禅先生的一次画展》，文中写道：

> 李苦禅先生是我国现代的著名画家，有关他的传记和纪念文章已经不少，似乎都没有提到1942年4月2日至4日在济南普利门外青年会举办的那次画展。那次画展展出的作品，按编号、品名分列，计有群鸠、枯木苍鹰、芙蓉小鸟、白梅喜声、松鹰、铁树荔枝、蝶恋花等，共六十四幅。每幅均有标价，其中最贵的一幅是《松鹊》，三百元；最便宜的两幅是《墨竹》和《美意菊华》，均为七十元；可能都是当时使用的联合币。
>
> 家父冀蔚怀先生当时是苦禅先生的挚友，为了这次画展，曾代替周子寅氏写了一篇《赠苦禅》，印在画展目录的背面，赠给每一位参观者。文中说："李苦禅先生是当代画坛上的一大权威，他的地位非只几个学者名流鼓吹起来的，直是以其个人深沉的智慧与有力的笔创造出来的。"
>
> 这次画展的意义，文中也写得很明白："觉得评画应选择一个脱出技术的理论，如只就色彩与线条的技术上，或引用古人的谱说来立论，何如就时代就人生以寻求艺术的共感作用？艺术的历史不仅是材料的记载与整理，应是以艺术的制作品，来涵养每一时代美的生活之向上。苦禅先生的画，便是现代共苦的物质生活之下，一个充作

1942年4月2日至4日，李苦禅（左）在济南普利门外青年会举办展览时门前留影

精神食粮的甘饴。"这是家父特别向我指出的一点。

今年五月，在赴青州参加李清照研究学术讨论会时，返京路过济南，家父特将手中留存的一份画展目录给我，嘱转交苦禅先生之子李燕同志留念。为此写下这个记录，也作为我对一九五二年最后一次去雅宝路看望苦禅先生的怀念吧！（原载于一九九〇年二月九日《人民日报》）

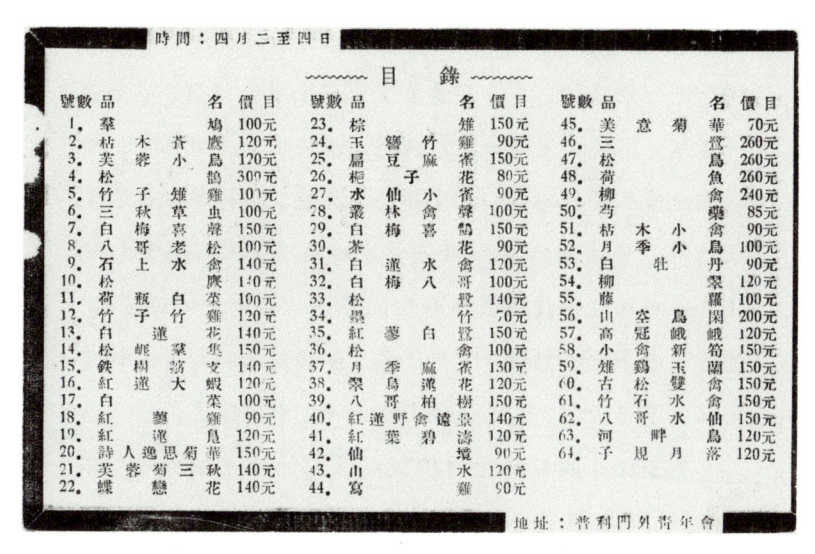

1942年4月2日至4日，济南普利门外青年会画展李苦禅参展作品价目表

冀蔚怀先生的评论是非常深刻的，特别是指出"苦禅先生的画，便是现代共苦的物质生活之下，一个充作精神食粮的甘饴"。表现人民群众的甘苦，抒发老百姓的心声，正是李苦禅走在时代前列的原因所在。

"文革"后期，李苦禅被"落实政策"，住进了西城区三里河月坛南街的南沙沟宿舍，巧的是黄浩的女儿黄郦也住在这里。黄郦也回忆李苦禅与黄浩先生的来往，补充了许多珍贵的史料：

黄天秀（即黄奇南）按组织交给他的任务，扩大抗日民族统一战线队伍，向黄浩同志汇报，为了爱护这位有志的爱国青年，就掩护在他家。当年袁祥峰不了解中国共产党领导的八路军和抗日根据地边区的情况，经过黄天秀启发宣传，试探性问他是否愿意参加八路军，介绍边区生活艰苦等。袁祥峰坚决回答："只要是救国，再苦也不怕。"李苦禅得知后,非常赞同。随后,黄浩同志对袁祥峰进一步谈话,并派交通员送他安全抵达边区,参加了八路军。不久,袁祥峰因患痔疮,请假回北平治疗,这时的袁祥峰已是八路军,李苦禅毫无惧色,仍掩护袁住在他家治病。黄浩同志得知李苦禅家境清苦,派人送袁祥峰住进中央医院并提供医药和住院费用。袁病愈回边区时,黄浩同志手头也拮据,时值隆冬,黄浩同志将自身穿的皮大衣当了三十元,送袁祥峰安全离平,回到边区。

李苦禅耳闻目睹党的路线以及党的地下工作人员不怕牺牲、慷慨解囊、侠肝义胆、大无畏的精神,深受感动,他毅然积极要求党的地下组织送他到边区,参加八路军,为此他终于和黄浩同志相见。当时黄浩同志向他表示,根据他的工作环境和条件,留在敌占区,更能为党多做贡献,在宣传抗日、搜集敌伪情报、掩护党的地工人员和爱国人士等方面,发挥更大的作用。李苦禅欣然接受党的任务,不顾个人和家庭的安危,留在敌占区的北平,积极开展工作,及时通过交通员向组织汇报所搜集的有关敌伪情报和他所做的工作。后来他时常直接来到新街口簸罗仓六号黄浩同志家,汇报交谈,并阅读有关党的文件(内容是当前形势和政策等),更增强了革命必胜的信心。

由于他们都具有一颗爱国的赤胆忠心,加以生活经历、年龄、个性、人品均类似,所以他们工作之余,聚在密竹花丛的黄浩家后院,品茶作诗,谈笑风生,别有意趣。记得李苦禅曾画鹰赠予黄浩,笔墨豪放,显示英雄气概。可惜,于日本投降前夕,黄浩同志家全部财物被日本宪兵队抢劫一空，这张具有历史纪念意义的绘画，竟在这场浩劫中不幸失落。

黄浩同志的真实身份，直到2011年4月10日才被解密公开。

早在1920年，黄浩与夫人王佩芝在前门外西河沿开了一个小诊所。1927年迁居簸箩仓胡同6号，创办了一家挑补绣花厂。他筹资修缮新街口基督教堂主办的崇慈小学校舍，由此当上了崇慈小学校的校长和教堂的"长老"，并以这个身份开展抗日地下工作。

1939年，铁骨铮铮的李苦禅

"黄浩地工组"在北平设立了十几处秘密掩护点，为抗战救国做了大量鲜为人知的工作。1939年，白求恩大夫到八路军冀中分区的战地医院工作，急需一批药品，他开出药单交给张珍部长。张珍立即派人把密写的药单带进北平，交予黄浩。在沦陷的北平，日寇严禁药品外流，如发现有人批量采购，即被认定为抗战分子，必死无疑。但"黄浩地下工作组"成员不畏险恶，通过种种社会关系，没过几天便将药品安全转运，摆在了白求恩大夫的战地医院里。白求恩大夫看到这批能救命的珍贵药品，盛情赞扬道："真了不起！"1943年8月5日，由于一部地下电台遭到破译，黄浩暴露了，但他靠着一个个掩护点脱离了"虎口"，前往抗日根据地。由于地下工作的特殊性，直到1954年春天他到广州参加接管工作，才公开了中共党员的身份。

当年积极投身学生运动的青年李英杰，二十多年后已成为能够担当革命重任的汉子李苦禅，从李奇庄走出的贫苦庄户人家的孩子，一直和民族命运、国家命运紧密联系在一起。在国家民族危难的岁月，毅然参加了地下抗日活动，为李苦禅的人生征途增添了一道璀璨的光芒！

往事并不如烟。虽然当年作为情报站的柳树井2号小院已被拆除了，但发生在那里的故事却永远启迪、教育着后人。

第四章 绘画与教育的稳定期

徐悲鸿先生为他规划出发展国画艺术的方向；毛泽东主席为他从事教学和创作提供了稳定的条件。李苦禅在大写意绘画创作的数量和质量上达到了一个新的高峰。同时他把课堂教学与传统课徒方式糅合在一起，以教书育人为目的，培养了一批批优秀的学生。

毛主席关照"老同学"

1942年，李苦禅与李慧文结婚组成了新的家庭，但仍分居两地。1948年，李苦禅正式被徐悲鸿先生聘为国立北平艺术专科学校教授。当时李慧文在济南工作，这一年她才带着已经四岁半的儿子李燕到了北平，李苦禅那会儿在白塔寺附近的锦什坊街巡捕房租了两间房。安顿好自己的家时，李苦禅已经五十岁了。

中华人民共和国成立后，原国立北平艺术专科学校更名为中

1942年，李苦禅与李慧文在济南结婚

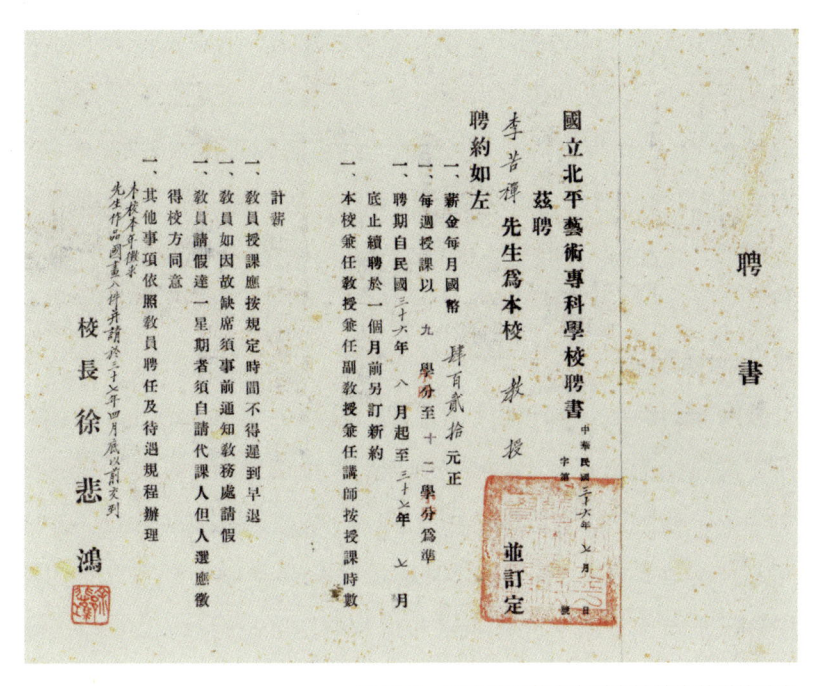

1948年，国立北平艺术专科学校给李苦禅的聘书

央美术学院，徐悲鸿先生担任首任院长。徐悲鸿又以中央美术学院院长的身份聘请了李苦禅为教授，并安排其夫人李慧文到院内医务室工作。

1949年后，黄浩同志的地下工作者身份仍未公开，故而李苦禅在抗日战争时期秘密参加地下工作的情况也没有公开，大家只知道他曾被日寇抓去严刑拷打，表现英勇，有民族气节，却不知道细节。

李苦禅毫无心机，更不会见风使舵，被华君武同志评价为"一颗童心"。他直言直语，对一些不好的现象口无遮拦地发表自己的看法，在当时的社会氛围下，不少人认为他是从旧社会过来的画家，是思想跟不上形势的旧文人。加之社会上还流传着"传统中国画跟不上突飞猛进的社会主义建设与发展，不能表现蒸蒸日上的革命形势，以大写意文人画尤甚"的论调，于是李苦禅被免去教学工作，被安排去陶瓷系画陶瓷，到工会负责给大家买电影票、发电影票，多余的票还必须站在电影院门口卖掉……他简直是太苦恼了。对此情况，没有人事权的徐悲鸿院长也无可奈何。

一日酒酣，他提笔挥毫给"毛润之老同学"写了一封长信，将自己的遭遇和希望表述一番。酒醒之后，他又有些后悔，"我一个穷教授为这点儿事'告御状'，越界了吧"？谁知没过几天，毛泽东主席竟给徐悲鸿院长写了一封信。又没过几天，毛主席更是派秘书田家英到家里进行探访和慰问，并传达了毛主席的话："你的写意画还是要画的，我们的子孙还是要看的。"这位朴实重情义的山东汉子着实感动！徐悲鸿院长得到毛主席的指示后，立即安排李苦禅回国画系上课，他精神饱满地走上讲堂，第一件事就是给国画系的学生讲了自己重返讲堂的经过，言谈中洋溢着对毛主席的尊敬与感念之情。

20世纪50年代至60年代初，是李苦禅最出成绩的一个阶段，他精力旺盛，灵感频出。在此阶段，他多方研究前人的画论，解析徐渭、八大山人等前辈的作品，追求绘画风格的实践并且在画上随时记下感想与体悟，与此同时也创作出不少艺术佳作。

当时，北京城里有两个"艺术沙龙"，一个是在周总理的倡导下成立的北京画院，一个是许麟庐先生创办的和平画店，特别是后者，为李苦禅的创作提供了良好的艺术氛围。

最初设立的北京画院，是以国画家为主体的画院，汇集了一批在京的优秀画家，从皇室后裔到各路名家，在山水、花鸟、人物各画科有成就者均应邀进入北京画院，可以说是高手云集。众人信

《山岳钟英》1961年

心满满，特别是有周总理的支持，北京画院的建立为开启中国画的新面貌奠定了坚实的基础。李苦禅也应邀参加了画院的成立大会，并创作了《山岳钟英》等精品力作，至今仍被收藏于北京画院。

至于另一处文化艺术界人士的聚集地和平画店，是许麟庐与李苦禅商议之后，得到恩师齐白石的支持，卖掉面粉厂办起来的。和平画店创建后，迅速成为京城文人汇聚的地方，成为齐白石作品的专卖店，每日宾客盈门，或画，或写，或买卖字画，或交流从艺心得……总之，十分活跃繁忙。李苦禅几乎每日必到和平画店"报到"，与友人或访客交谈，顺势提笔作画，围观者众，赞不绝口。在和平画店，他创作出不少精品，特别是《扁豆图》，齐白石先生和徐悲鸿先生均在画上有高度品题。齐白石题字："傍观叫好者就是白石老人。"徐悲鸿题字："天趣洋溢，苦禅精品也，辛卯春日。悲鸿题。"

《扁豆图》一气呵成，拙巧和谐，上承徐渭，下启新风，齐白石先生和徐悲鸿先生均为他的恩师，且都是艺术界德高望重之人，故《扁豆图》堪称不可多得的精品。

1949年至1966年，即使是在最艰难的时候李苦禅也从未动

《扁豆图》1951年　　　　　　　　《芭蕉雄鸡》

摇过对国家和人民前途的坚定信念。他站在中华优秀传统文化的基石上，坚持着自己的努力，不失望、不盲从，有人另眼看待他的时候，他题诗："人道我落后，和处亦自然。待到百年后，或可留人间。"（《芭蕉雄鸡》）以一种光明磊落的心态，潇洒地预言"百年之后"自有公论，表现出内心坚定的文化自信！

1960年至1962年，鉴于当时的国内外形势，美术界对未来的发展趋势有不同的议论。恰在此时，李苦禅却挥毫留下了力抵千钧的书法："中国画驾于世界之表，而不识者见之寒心吐舌，伤哉！"面对社会上的许多主张和观点，他会批评、议论，甚至还发牢骚，但他从未表现出对国家、对民族的失望。遗憾的是，他的观点始终没有受到重视和宣传，其实他提出的这个观点是那样的鼓舞人心、令人振奋！

他还多次书写如下这副对联："诸葛一生唯谨慎，吕端大事不糊涂。"别看李苦禅会把"油票"当成"邮票"，糊里糊涂地贴到信封上发出，还经常分不清"粮票"和"面票"，但在国家命运、民族大义面前，他却从来没有糊涂过。

如果我们把李苦禅在杭州任教的那段时间作为他教学与绘画并行突起的第一个时期，那么在中央美术学院国画系任教至"文革"前的这段时间，则是他教学与绘画并行突起的第二个时期。在这第二个时期，他开始阐述自己的观点，即在研习国画时，特别是从事大写意创作时，一定要读《老子》和《周易》。在教学示范作画时，他不断适应着社会的新需求，但万变不离其宗，他始终没有离开传统文化的根。

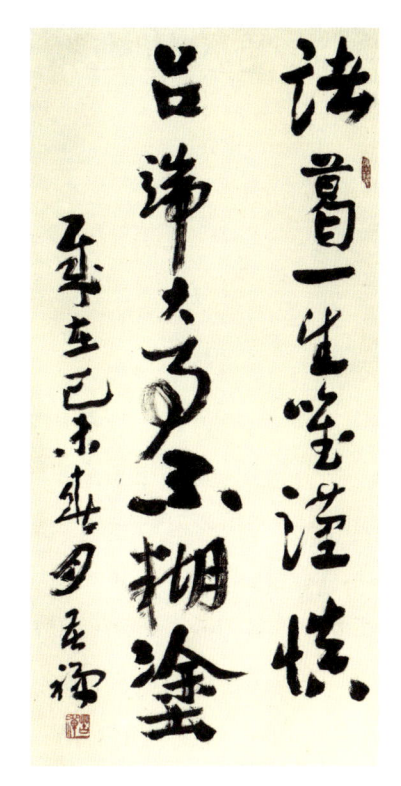

李苦禅书法 1979 年

溯源受教与施教

中央美术学院原副院长侯一民非常尊敬李苦禅,对他的艺术成就有深刻的理解和高度的评价。和许多纯粹学西画的人不同,侯一民的"开口奶"也是国画,他的老师是齐白石先生的弟子陈小溪。考上国立北平艺术专科学校之后,侯一民追随徐悲鸿先生学西画。中苏友好时期中央美术学院开办了马克西莫夫油画训练班,侯一民既是学生又是领班。从他的经历来看,他与李苦禅学画的经历有相似之处,在受教起步时都是中西画并行的。

侯一民曾概括百年来中国画发展的几个特征:一是面对的时代和观众变了,不是面对帝王,而是面对社会,面对普通大众;二是中西门户打开了,以上海为主要标志的市场打开了;三是中国的碑学、金石学发展了。但侯一民转而批评中国的国画家不大重视中国文化的修养,他明确地指出,中国画里的"中"字不强,中国的文化气息不强。

对照侯一民的批评要点,反倒可以得出一个清晰的答案:李苦禅艺术创作一直是面对社会,面对大众的,并不是为迎合取悦某些人或少数人的。在这一点上,他从来没有动摇过。

得出这个答案,要从他幼年的出身环境、社会因素等诸方面去寻根。在北京美术专门学校就读时,同学来自全国各地,同班同学方伯务被李大钊同志吸收入党,并在1926年毕业时留校工作,同时接受李大钊同志的安排,负责北京市工人的工作。平日

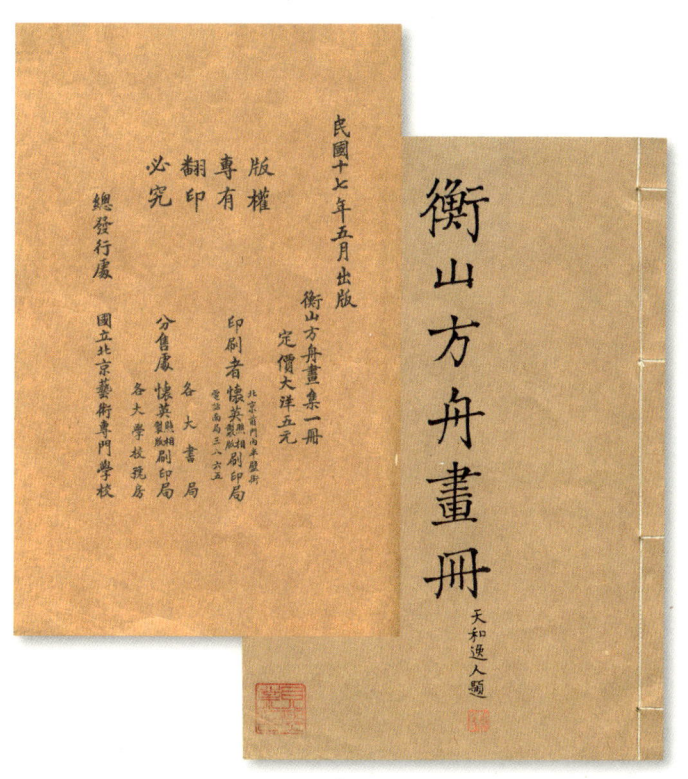

《衡山方舟画册》（方伯务又名方舟）

里，李苦禅与方伯务相处得不错，不幸的是李大钊被捕时，方伯务同时被捕，他们一起被奉系军阀杀害了。李苦禅是非常有血性的人，据他回忆，当时在学校任教的捷克画家齐蒂尔和他一直隐藏在后面，尾随押解的队伍，后来他们走进附近的一个饭店，躲在窗后眼睁睁地看着方伯务等革命青年被绑赴刑场杀害，为此痛苦不已，大哭一场。事后，为了追念友人，北京艺专的教师、同学为方伯务出了一本画集，齐白石为他写了墓碑，安葬于"湖南义地"。

从1919年6月3日到北京参加游行，直到1927年方伯务牺牲，李苦禅在北京学习、生活了近八年了，眼见耳闻的都是当时最纠结、最突出的各类矛盾。对社会的发展和动荡，他以正义的立场，以支持革命的态度，确立了自己的人生目标。这应该就是侯一民所呼吁的："中国的画家要面对时代的变化；画家的创作是要面对普通大众。"这也是李苦禅的初衷——画民众喜欢的画。

众所周知，"受教"时期是决定一个人人生走向的重要阶段，回顾李苦禅从少时成长到青年求学的经历，用现在的话说就是"三观"形成并定型的阶段，是严肃的，是真诚的，是向上的。

正因如此，他在"施教"时期表现出来的，就是他的那些掷地有声的座右铭，"所谓人格，爱国第一""中国画驾于世界之表，而不识者见之寒心吐舌，伤哉""书至画为高度，画至书为极则"。

中华人民共和国成立于1949年，那年，李苦禅整整五十岁。对于年已半百的人来说，要赶上时代的步伐并不容易，"赶上"的方式有许多种，其中有真心诚意的，有虚情假意的，有为保自己而卖友求荣的。李苦禅依然故我，虽然在努力适应，认真地"赶上"，但他不会说违心的话，甚至连含蓄的表达也难做到。因此

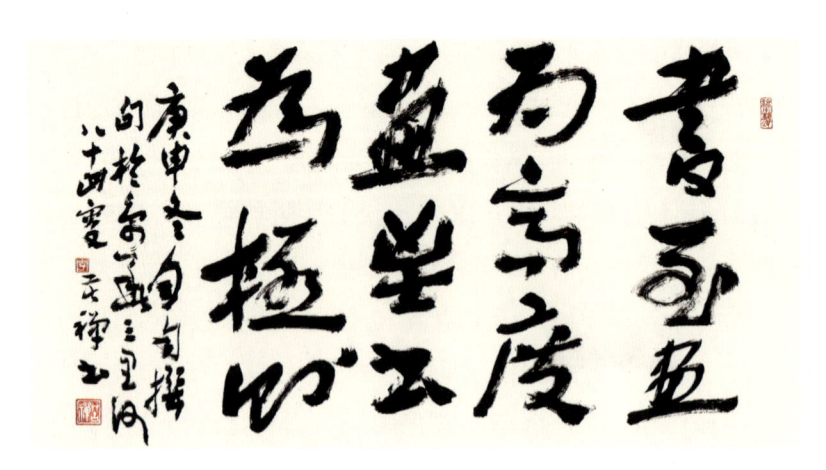

李苦禅书法　1980年

在一系列的运动中，他还是别人眼里的"赶不上趟儿"。

20世纪50年代初，作为中央美术学院教授的李苦禅参加了"土改工作队"，赴四川工作了一段时间。这是个政策性很强的工作，可以想象，李苦禅的出身决定了他对贫下中农十分同情，毕竟他对穷人的生存现状太有体会了。尽管如此，他也对土改工作中出现的问题直率地提出了自己的意见。虽然李苦禅不擅长于做这类工作，但还是完成了任务，并得到了农民代表们的良好工作鉴定，大家在此文件上按下了红红的指印。此外，令人惊喜的是，在当地他还发现了珍贵文物，及时报请当时土改队的负责人使部分文物得以妥善保管。在中国近代美术史上，主动参加土地改革运动的书画大师应属罕见。

在此后的几年中李苦禅的"施教"按部就班地进行着。

简单归纳起来也就是延续了在国立杭州艺术专科学校的教学主旨，亦如侯一民先生所说："李苦禅的画是很有一些鲜明特点的，他是不拒绝中

《剑门一瞥》1951年

《剑门一瞥》李苦禅题记

西融合的。我们回想一下，如果没有中西融合，我们有李苦禅吗？我们有李可染吗？我们有黄胄吗？我们有徐悲鸿吗？他们在促进中国画吸收西方营养的同时，发展了中国画，他们给中国画带来的是衰落还是复兴？大家来做个结论！"

毫无疑问，他们发展了中国传统绘画。在齐白石先生之后，李苦禅又使大写意花鸟画有了明显的发展。

王森然先生是这样评价李苦禅的：

> 为继承发展中国传统写意花鸟绘画，苦禅费尽了毕生心血，在长期的艺术实践中，他吸取石涛、八大山人、扬州八怪、吴昌硕、齐白石等古今诸大师之精髓而融汇众长。伟大的民族精神和灿烂的艺术传统给了他丰富的创作滋养，坎坷和艰苦的生活经历造就了他奔放奇纵、墨劲笔苍的艺术风格和浩然豁达、刚正不阿的性格。苦禅新中国成立前后多次游历祖国南北，奇峰巨石、朝云夕雾陶冶了他的情操，丰富了他的构思。在他坚韧不拔的辛

勤探索中，创作了著名的巨荷、群鹰、兰竹、芙蓉，以及许多描绘祖国繁荣昌盛、描绘四化辉煌前景的艺术之花。苦禅校内外的学生很多，除对他们引导启发，注重"因材施教"外，对贫苦学生、工农学生别有一番感情，这正是他品质高尚的所在。

20世纪五六十年代，李苦禅把"受教"时的经验和体会，与时俱进地加以丰富和改进，依然从传统文化入手，引导学生多读书、画写生、看京剧、练书法，与此同时关注西方绘画的发展。

从中央美术学院国画系学生裘兆明的课堂笔记、龚继先的课堂作业和王同仁的回忆里，可以充分看出李苦禅的教学成果与教学热情：

造形是基础，但只是成就的十分之一，画线是笔，抹涂染是墨，高手"笔墨能合一"为笔法。

写意与漫画不同，漫画是找人缺点夸张，写意画是加重表扬的夸张。

《张迁碑》是东汉的，在山东，有方笔。中国文化高，文字（工具）也成为艺术品，"小"字如挑担，很平衡，"品"上面"口"大。字有宾主，"诗"字"言"为宾，"纠"字右松左紧，都是最好的构图。中国的文学艺术就是截取其中一部分，也是具有很高艺术价值的作品。书法不好笔墨不可能泼辣。历代中国画家几乎都是文学家，很多把绘画作副业的，如王维："走到山穷水尽处，花明柳暗又一村。"有些画家画了半生，觉得一定要提高文学修养就又学书（仇英）。

坐正（骑马端裆式）→无横不收，无垂不缩。

拿笔如虎钳状，不要太用力，抓住就行，如锥画沙（藏锋），如盖印章（意在笔先）"提""压""转"，一笔三折，欲擒先放（有弹性如同起跳），点如高山坠石，快如泉注（瀑布），顿如山安。坐如钟，站如松，如惊蛇出草（快），不思不勉（自然之极），又如飞鸟入林。

1961年5月29日记 讲写意花鸟

技法、技巧、实践

过去画家有画花却不画鸟的（赵之谦、吴昌硕）、花鸟都画的（任颐、齐白石老师）。一般画鸟就不突出花，又有着重地先画花，再看哪里需要鸟加再鸟。唐直到元，花鸟画中鸟特别多，这是工笔方面，之后鸟逐渐少，明初往往一幅三五个，明中三个，清一两个。

一、勾染，这种多画白鸟，画别种也可。

二、点染，色、墨点都可，齐白石老师用此法多。

三、披蓑，清朝多用干笔皴出羽毛，大翅可点，头、身、尾用皴，墨有浓淡深浅变化。

四、点虱，此法较早，宋到明以此种方法与工笔对立，先用淡墨画形，再用深墨盖一层，留出淡墨的边，淡与深都基本是平涂，再加色，林良用此法，淡快干才加深。

五、积墨，与点虱区别不大，只是头一次与第二次相距时间小，二次混在一起分不出，八大山人用此法（晚期），他早期方笔多，晚期苍润（圆笔）。签字早期是"朵"，晚期是"❀"。

任伯年是色墨并重，很现实，鲜艳，易受广大群众欢迎。色不可杂，轮廓要求很清楚，鸟的红白毛地位，大小

龚继先课堂作业　　　　龚继先临李苦禅作品

都有一定。

　　画墨加淡彩较易画。

　　注意鸟的特征、背光外轮廓线，用直线掌握……

龚继先（1963年毕业于中央美术学院中国画系，上海市文史研究馆馆员）的课堂作业及回忆：

　　苦禅先生给我们上课时常常一边画，一边讲，讲得妙趣横生。他说早年间在北京有位老

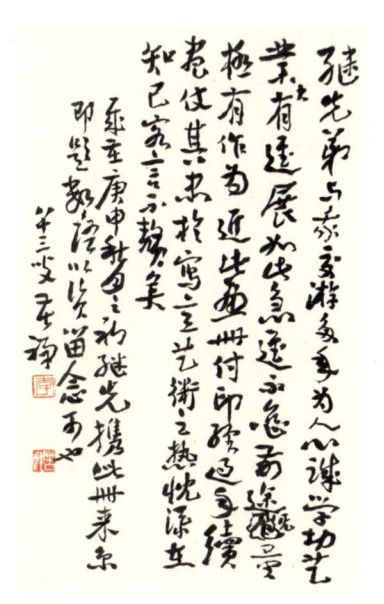

李苦禅为学生龚继先画册题写的序言

第四章　绘画与教育的稳定期

105

师，教学生"用海水怎么画，用湖水怎么画，用井水怎么画"，有学生想调侃老师，问："用汽水儿怎么画啊？"苦禅先生说："你看，这样的老师故弄玄虚，废话连篇，这是误人子弟啊！"他还讲，有人写过一通碑文："行善莫过于修庙，修庙莫过于修二郎庙，二郎者，老郎之子，大郎之弟，三郎之兄也。其庙既成，有树焉，人皆言树在庙前，吾独言庙在树后也。此庙有门，叩之锵锵然，推其门滋滋然，入其门有鼓，敲之咚咚然……"说这就叫"废话连篇"。苦禅先生认为在做人上要诚实踏实，在创作上要扎实精炼，在构思上要灵活多变。他自己就是这样的人，表里如一，平易近人，有大师之魄而无市井习气。苦禅先生画大写意画笔墨苍劲、线条灵动，画面意境十足，人品画品早已得到了其师齐白石的赞扬与肯定。其时先生又享盛名，想来拜访的人络绎不绝。他善良、豪爽、大度，从不势利待人，无论是平头百姓还是达官显贵，一视同仁，从不因为对方的身份刻意取悦，其实他也不太懂得应酬之道。

一次，有位欧洲的女王来央美访问，系主任叶浅予先生负责接待，请苦禅先生给来宾当场作画，我和三四个同学都在场。苦禅先生提笔即上，笔笔相生，一鼓作气，十分钟便画就一幅四尺整纸的《松鹰图》。女王很兴奋，她的一位大胡子随从见识了中国艺术的魅力，更是激动，为表示感谢，抱住苦禅先生左亲一下，右亲一下。事后，苦禅先生笑着对我们说："这'大胡子'挺硬，扎得我生疼，他们从没见过中国的大写意！"自豪之情，溢于言表。

王同仁（1961年毕业于中央美术学院中国画系，中央美术学院教授）回忆苦禅先生：

苦禅先生是我最尊敬的一位老师，也是我很崇拜的一位老师，对我的艺术、对我的成长都很有影响和帮助。

1955年，我考入中央美术学院，我们班只有五个人，现在看起来简直是不可思议的事情。当时李苦禅先生和李可染先生是老师，我们总觉得写字很费时，始终没有好好地写，苦禅先生就给我们讲写字的方法，让我们读哪些碑，写哪些帖，我印象很深。比如他让我们多看一些《张迁》《礼器》这样的碑，这些碑上的字都很大气。我记得那是一年的新年晚会，有人给苦禅先生铺了一张纸，苦禅先生把鞋一脱，站在纸上，当时也没有毛笔，就把宣纸一揉，蘸着水蘸着墨，几下就是一幅画！那个感觉真是太神奇了！原来画画可以这么自由，这么痛快！在我的一生中，看别人画画最痛快的就是那次。从那以后，我们对国画的兴趣就被吊了起来，在课下我就开始临摹苦禅先生的作品。

苦禅先生的速写也画得很好，有些动物写生非常好，因为他有这个造型能力，所以绘画里的形象都是他自己创造的。尽管他也学八大山人，但只是对笔墨方法的借鉴，创造的形象绝对是来源于自己的感受，来源于自己对现实生活的观察。看完苦禅先生画的鹰以后，你觉得真鹰不像鹰了，为什么？因为苦禅先生画的鹰有一种英雄气概，这就是苦禅先生创造出的艺术形象，很感人。

苦禅先生的画，重在如何去表现对象，对于一个形

《写鸡》1958年

　　体、一个物体,不是把它抄下来就完了,得用你的笔墨、你的感情、你的感受把它写出来、把它策划出来。只有用这样的方法,你画出来的东西才会轻松、痛快,别人看得也轻松痛快。像他画的鹰,看多少次都想不够。所以在处理形象的时候,怎样运用笔墨,我觉得确实应该好好研究苦禅先生的一些创作方法和规律。

　　中国画它有自己的规律。好多人想要改造中国画,但是通过几十年的实践,就会觉得中国画有它独到的地方。有的人就是用西画的办法画了许多年,甚至是画了一辈子

第四章　绘画与教育的稳定期

《煨芋图》1960年

《小鱼》1974年

的彩墨画,但到后来终于认识到那并非可以发扬光大的道路,因而又回归到苦禅先生用笔、用墨的造型办法上来。

与此同时,李苦禅在自己创作方面也有显著的提升:不仅是绘

《波光白鹭》20 世纪 60 年代

画题材不断丰富，在构图、色彩上的探索也更加深入。由于有更多时间静下心来临帖、读碑，所以在画上的题字也更多样了。

1966 年至 1976 年这十年，由于社会动荡，李苦禅被迫放下画笔，由于担心"手生"，他偶尔也会遮住窗帘用小纸作画。

1972 年至 1973 年，出于对老画家的保护，周总理请老画家为国家的外事部门搞创作，美术史上称之为"宾馆画"时期，直到此时，李苦禅才有机会提笔搞创作。宾馆画的尺寸均凭需要而定，多以四尺整纸、斗方或宾馆墙面为准，也有巨幅，内容都是健康向上的，书法多写毛主席诗词或当时社会背景下可用的古人诗句。

虽然李苦禅对书法的研究很深，但作品并不多，可是从他的用笔、结构、韵味和经常题写的内容来看，确实能体现出他对许多碑帖广纳博取的成果，还能感受到他对中华美学的独特理解。许

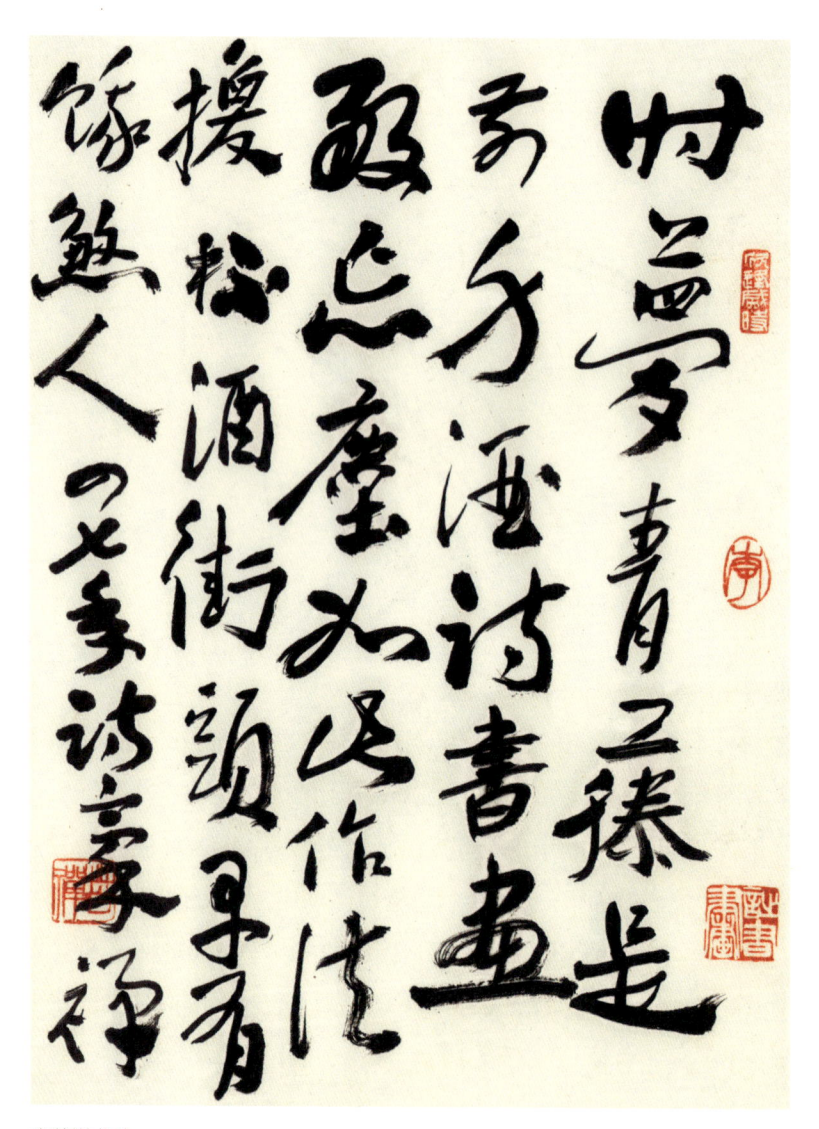

李苦禅书法

麟庐先生就说："苦禅的书法可以当画儿来看。"

正因书画修养所至，他才概括出了"书至画为高度，画至书为极则"的感悟。欧阳中石先生对这简约而深刻的论述表达给予了评价，他说："书画同源，在发展过程中分开了，苦禅先生由自己从艺的体会，又将两者概述到一个辩证统一的新境界。可惜现在大多数书法家和画家是分开的，真正能达到既是画家又是书家的太少了。"

"文革"结束时，李苦禅已是七十七岁高龄，当时人们都在想"把'文革'的损失夺回来"，他也安下心来创作了一批优秀的大写意作品，并将以前断断续续写的书论、画论的稿子逐渐整理出来。

李苦禅晚年创作的作品，更接近徐渭的境界。年少时，他就有诗句"时梦青藤是前身"，在对八大山人和徐渭的比较中，无论是经历和性格，李苦禅更接近于后者。他认为八大山人的作品可以学，可以达到一定的境界，而徐渭的作品不好把握，尤其是精品，只能是望而却步，很难学，连临摹都难，学的是他的精神。他常说，徐渭（青藤）是全才，不仅诗文书画开一代新风，又是抗倭制胜的军事谋略家，还是一位不亚于元代大戏剧家关汉卿的剧作家，有剧本《四声猿》传世，家喻户晓的《花木兰从军》即是源于《四声猿》中的《雌木兰代父从征》。他认为，纪念外国的莎士比亚的同时，也不能忘记纪念我国的徐青藤。徐青藤是他一生最崇敬的写意巨匠。他为电影剧本《徐青藤》撰写了序言，鼓励其子李燕与清史学者李景屏完成了剧本。

推陈出新不离根本

1962年，潘天寿先生在北京举办展览，展览轰动京城，随即中央美术学院的学生中多有询问李苦禅"潘老的特点""何为指画"等。为此，李苦禅曾多次到现场为学生讲解潘天寿的作品，并应邀在中央美术学院和北京画院举办的研讨会上做了发言。此时，李苦禅已是六十三岁的老教授了，积累了三十多年的教学经验，并经历了多次政治运动和社会变革，不少提法和口号与他原本的学术观念发生了冲突。这种状况在其他学术领域也时有发生，有人很认真地进行自我改造，以紧跟形势，有人坚守自己的观点。

在美术界中，李苦禅是坚持根植于中国传统文化精神和理论的具有代表性的老先生。

从现存的手稿和资料中，我们能看到他当时的一些观点：

> 风格不同，追求有别，才有"百花齐放"之局面，才有所谓之称号。我以为京派画家远不及江南，京人多闭门作画，或借或抄，或用笔或用大刷，据说还有添胶加盐、印拓等方法及工具材料制作而成。长久下去，中国画将会向制作方向发展，那样将会误入歧途，失去了写意的生命力。有人说"只要效果好就可"，这种做法是危险的，愚以为，不管怎样创新发展，骨法用笔、气韵生动是永远也不可丢（掉）的。故余认为，写意画法应该在对结构、造型、笔墨熟练基础上高度概括，挥洒自如地完成。当今有不少人不写生，不临摹，一味追求功力老辣，是行不通

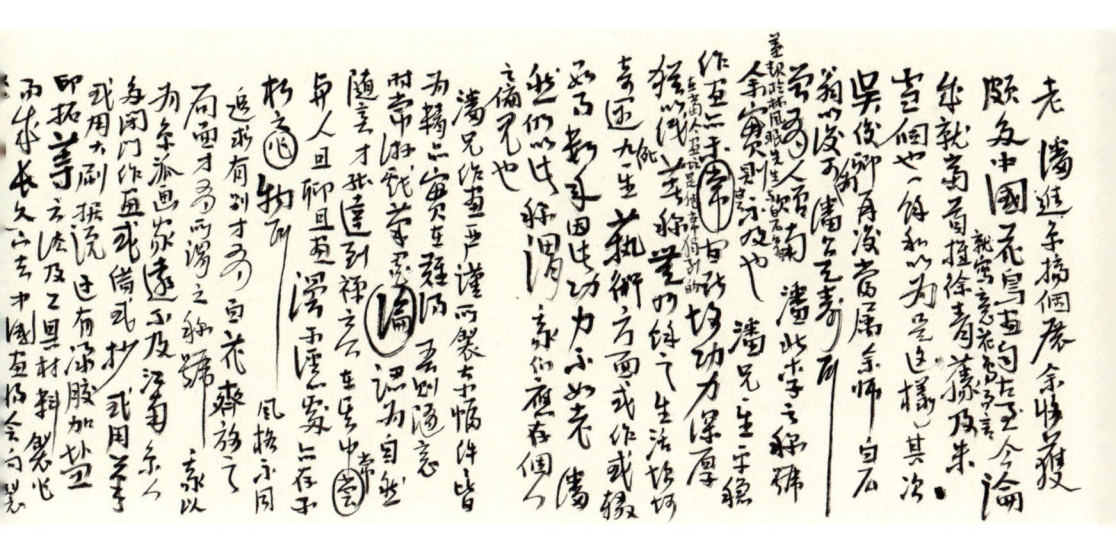

1962 年，李苦禅在潘天寿画展研讨会上的发言稿

的。作画亦如临阵，如何得完成胜利片刻间，即用尽进攻分解之作法？不能临阵磨枪，要有日常积累作支撑才能挥洒有度（就创作而言）。有章有法，方能有骨，有肉，有气，有韵（就效果而言）。另外，画家还（要）读画论、经、史、文学，这样才能达到雅，文气在其中也。

这是一段李苦禅在潘天寿画展研讨会前应邀准备的发言稿的一部分，短小精到，涉及文人画的表达本质、习画路径、指导思想等诸多根本性的问题。

五代以后出现了"黄家富贵，徐家野逸"的分野，丰富了花鸟画的技法和艺术家对不同风格的追求。直至北宋仁宗时，文化艺术发展到一个巅峰，诗词歌赋、书法绘画的旷世奇才比比皆是，当时的代表人物即有苏东坡、米芾、黄庭坚、李龙眠、蔡襄等等。现在看来，即使没有归入"几大家"之内的欧阳修、王安石等，也都有不可取代的美文传世，有了这样一批"文人"，才有了"文人画"。

他在发言的最后说，画家除了读画论之外，经、史、文学都要读才能达到雅，"文气在其中也"。虽然这句话放在最后，却是攒底之言，他一生以这样的标准来要求自己，并且与时俱进地实践着。李苦禅认为，古书善本固然好，但买不起的也没必要买，有影印本能读即可。倒是有些好事文人出的小书，刊印的是自己感兴趣的内容，虽然印制质量无法与官方相比，印数也少，却记录了不少有意思的逸闻趣事和主张见解，价格又很便宜。于是在他的书柜里，既有经、史、子、集，又有许多"杂项"小书。他保存了许多记述百姓生活、城市风情，甚至记述匠人手艺的图文并茂的小书。在他的题画文字中，我们会经常看到"说部"二字，"说部"意指旧小说以及关于轶闻趣事之类的著作。将轶闻趣事甚至伊索寓言题到画上，以增补作品的内涵，是他常用的手法，也是苏东坡等前人在走上"文人画"道路之初即有的特点。

关于中国画如何发展，李苦禅有一段借京剧现状来阐发的观点：

> 意大利艺术家访华回国，宴送归途中，华君武同志云："国际访华画展作品批评，多与人以某某派名之，非是。中国画家作风大概一致，也是不对。"毛主席曾指示"百花齐放，推尘（陈）出新"，君武之意见正确。京戏有黄天霸者多不许演唱，如斯相摹者亦不许唱。京戏原无多出，如此以来演出戏少而群众不喜观矣！因之京剧不克发展。近中曾被禁者之戏已能演，实则京戏除其内容而传统旧优越点与组织之优点尚多，从此推尘（陈）出新，由戏剧艺术方式上发展，仍有可借镜（鉴）吸收之必要性存在，如果以新编排之剧尚未产生而旧者废止不用，岂非戏剧呈停顿现象？意国画家云"（中）国简笔写意画是天才作家之作风"，其中太半有了解中国画之中肯处。

通过上文可知，李苦禅强调了"百花齐放，推陈出新"是有针对性的。他特别提到"京戏有黄天霸者多不许演唱，如斯相摹者亦不许唱。京戏原无多出，如此以来演出戏少而群众不喜观矣！因之京剧不克发展"。

这几句话的背景，需要略作说明。20世纪五六十年代，一些带有"黄色成分"的旧京戏遭禁演，比如《纺棉花》《马寡妇开店》等，后来涉及的旧京戏越来越多，文中提到的凡是有黄天霸的戏均被禁演，因为黄天霸投靠了施世纶，施世纶是大官，是反动的封建统治阶级的代表；窦尔敦是绿林好汉，代表的是农民起义。

李苦禅认为如果按此标准衡量，不让唱的京戏就太多了，那观众自然就不喜欢看戏了。

李苦禅拜师学戏，完全是从写意艺术的角度出发，他认为不懂京戏就不懂写意，他认为：实则京戏除其内容传统陈旧外，优越点与组织之优点尚多，从此推陈出新，由戏剧艺术方式上发展，仍有可借鉴吸收之必要性存在，如果新编剧尚未产生而旧者废止不用，戏剧则会陷入停顿。

在这段话中，亦需解释文中的"组织之优点尚多"。这里的"组织"既非指某某剧团是"公办"还是私人"组班"，也非指由某位导演排练，这个"组织"的内涵很复杂，既有实际戏班内演员之搭配，也有类似画论里的"经营位置"；也就是说，京戏中许多已经很成熟的程式化的表演，如何在新编排的戏中更好地使用和推进。所以他从推陈出新的角度提出"借鉴吸收之必要性"。

这种主张是有根据的。自20世纪五六十年代，以梅兰芳先生为代表的老艺术家对京戏做了许多改革，特别是梅兰芳提出的"移步不换形"，是推陈出新继承优秀

《鹭柳春风图》1974 年

传统的原则。自齐如山以至翁偶虹为代表的戏曲编剧老专家们重新改编了许多经典，其中京剧《群英会》就是很好的例子，还有田汉改编的《白蛇传》，马连良等改编《搜孤救孤》推出了《赵氏孤儿》，周信芳先生的《宋士杰》（即《四进士》）也都是很好的例子。

在京戏的改革发展过程中，也出现了"写实"与"写意"的争议。当时北京京剧团排演了一出新戏《雪花飘》，舞台上增加了真实雪花飞落的情境，裘盛戎先生说："真飘着这么大的雪，还要我干嘛？"言外之意，演员还要在台上表演雪中行进的身段吗？同理，我们在京戏《野猪林》中林冲（李少春扮演）风雪山神庙一场可以看到，一片真的雪花都没有，单凭着演员的唱念表演，观众便深深地沉浸在风雪交加与林冲走投无路的境况之中，这才是京戏——高度写意的表演艺术。

正因为有切实的感受，李苦禅才感叹道："意大利国画家云，（中）国简笔写意画是天才作家之作风，其中太半有了解中国画之中肯处。"这段结束语的内涵很深，意大利画家能理解大写意画不但说明了"艺术是相通"的这个道理，而且西方的"写实"和东方的"写意"不但是完全能沟通的，并且在西方的艺术家看来，写意画是"天才作家之作风"，如此达到了中西方文化艺术的共通。

至于李苦禅在发言中将绘画比之于作战："作画亦如临阵，如何得完成胜利片刻间，即用尽进攻分解之作法？不能临阵磨枪……"中央美术学院教授杨先让有一段准确的描述：铺上纸以后，"他就像一个大将，胸有成竹，张弛有度，边聊边画，十分轻松，我们真是学不来"！

杨先让曾受教于徐悲鸿先生，1952 年毕业于中央美术学院。

《松崖双鹫》1964年

他曾经十分坦诚地说："年轻的时候看不懂齐白石、李苦禅的画,觉得就这么几笔墨,好在哪儿?后来懂了,就那么几笔墨是他们高度修养、多方学习传统文化的结果。"

此话不差,要想懂得文人画,必须先懂得中国传统文化,懂得悠久的中国历史,懂得自古至今文史哲演变的过程,所以李苦禅才会在潘天寿画展座谈会上的发言提纲结尾处写下"深夜不寐,感思书之"。

第五章 苦禅先生的最后七年

李苦禅常常念诵"夫天地者，万物之逆旅也；光阴者，百代之过客也"。一个有担当有抱负的中华男儿都希望为国家鞠躬尽瘁，光辉谢幕，而八大山人、徐青藤等前人均未赶上机会。但在坎坷一生之后，李苦禅赶上了国家的改革开放，千载难逢。李苦禅用自己的画笔完成了他名垂青史的巨制。

致力传承与发扬

　　李苦禅的两位老师都是名垂青史的人物：齐白石先生功成名就，寿终正寝，是全世界知名度最高的当代中国画家；徐悲鸿先生历经波澜，忧国忧民，一心办好中国的美术教育，但却未能至"好"，便撒手人寰了，留下了历史的遗憾。

　　李苦禅忠诚于二位老师，在推动大写意花鸟画的发展中，他做到了"笔墨当随时代"；在美术教学方面，他落实了徐悲鸿先生的主张，实践了他对中国画"不佳者改之"的目标。

　　1976年，李苦禅虽已七十七岁高龄，仍壮心不已，决心把失去的时间夺回来。磕磕绊绊的一生在他口无遮拦的说笑中过去了，改革开放的号角激起他极大的信心。他逢人便说："我存的乾隆老纸还没舍得用呢！这回我得画了，多画点丈二匹……"大有"老骥伏枥，志在千里，烈士暮年，壮心不已"的情怀和决心。

　　李苦禅一辈子没当过"官儿"，到了1977年，被选为中国美术家协会理事，从而有了提出建议、发表看法的机会。尽管地位改变了，他的脾气秉性却没有改。

　　自从周总理组织画"宾馆画"以后，这些老画家基本上就没再停笔，被以各种名义安排在六国饭店、北京饭店、藻鉴堂等地，为国家进行创作。在谷牧副总理的领导下，梁黄胄先生成为这个队伍中的"少壮派"和组织者，在众人的努力下，筹建隶属于文化部的"中国画研究院"（即中国国家画院）的工作艰难地起步了。

1978年，在中国画院筹备期间，自左至右：李可染、朱丹、谷牧、苏立功、万里、梁黄胄、李苦禅、××、王朝闻、张仃。摄影：李燕

　　为了筹措资金，李苦禅、许麟庐、梁黄胄等都画了不少画。可以说，盖房用的每一块砖、每一袋水泥、每一条钢筋，都是大家一笔笔画出来的。梁黄胄亲自指挥，联系施工单位，简直就是个"工地总指挥"。

　　平日里，李苦禅与梁黄胄的关系就很融洽，两人无话不谈。按说梁黄胄是李苦禅的学生辈，他最初是赵望云先生的弟子；20世纪50年代他来到北京之后十分活跃，很快就成为美术界关注的翘楚，加之有赵望云先生的这层关系，和李苦禅的交往更为频繁。梁黄胄日夜操劳，李苦禅看在眼里，并将全力支持的态度完全落实在了行动上。在建设中国画研究院的这几年，李苦禅画了二百多件作品，其中有的换成了"经费"，有的成为建院之后的藏品，以备后人研究之用。

　　中国画研究院是在谷牧、万里等领导同志的鼎力支持下艰难起步的，它的成立，为振兴在"文革"中遭受严重打击和破坏的美

1978年中国画研究院筹备时，万里、谷牧、梁黄胄、张仃、许麟庐等在观看李苦禅作画

术界起到了极大的鼓舞作用。

中国画研究院成立之后李苦禅成为院委，作为继齐白石之后的当代花鸟画大师，得到了广大人民群众的认可和尊敬。

因为恢复了名誉，又当了"理事"，李苦禅自然多了一件事，那就是"开会"。每每通知开会，他绝不会轻易请假。"文革"刚刚结束，大家都积极发言献计献策，李苦禅的发言也越发直率无忌。每逢美术界的领导华君武通知他时，总是嘱咐这位"老山东"一句"多听听大家的意见"，一听此言，旁人都会心照不宣地大笑起来，李苦禅自己也乐了。

1978年12月，十一届三中全会以后，改革开放的号角吹响了，美术界更加活跃起来。

李苦禅首先想到的是系统整理出写意画的理论。在他心里，一直纠结着一个问题：大写意花鸟画不是落后的文人画，不是唯心主义的。他不断地催促儿子李燕整理他的观点。经过选择和摘编，以及不断地商讨与修订，终于在1979年整理出了《中国写意画浅论》。这在当时很难正式出版，所以在讲座、讲课、小型展览会上，以自印资料的方式传播开来。当然，从现在来看，这本小册子还有许多待补充的观点和内容，但这在四十多年前确实完成了李苦禅的一桩心愿。长期以来，在极左思想的笼罩下，社会上视传统文人画为"落后的"甚至"反动的"惯性成见，对他的刺激太大了，他觉得自己必须站出来，为优秀的传统艺术正名，纠正对"写意""意象"等重要概念的错误解释。

这一年，李苦禅为北京人民大会堂画了两幅巨作——《松鹰图》和《盛夏图》。直到现在，《盛夏图》还张挂在人民大会堂的正门南侧。

另一幅巨作《墨竹图》完成于1980年，也是为北京人民大会堂所画，这是自唐代有画竹以来最大的一幅以竹为题材的作品。

1979年，李苦禅、李燕父子合作《盛夏图》

《劲节图》1980年

李苦禅所画题材多为大型禽鸟，单画竹的并不多。他在这幅画上题写了"未出土时便有节，待到凌云尚虚心"，以尽抒胸臆。一鼓作气，李苦禅又完成了另一幅墨竹，题为《劲节图》。苦禅先生去世后，夫人李慧文将这幅巨作与其他作品共四百多件，捐献给了济南市政府，陈列在趵突泉内万竹园设立的李苦禅纪念馆，成为长期供大众观赏、学习的珍贵展品。

1980年，李苦禅成为第五届全国政协特邀委员，这是对他一生为国家、为人民做出贡献的充分肯定。见证李苦禅一生爱国行迹的郝鲁伟时任河北省妇联主任，始终牢记着在革命最艰难的时刻李苦禅所给予的支持。她说："苦禅大哥是对革命事业有功的，应该让大家知道。"于是她写了材料，上报给中央领导人宋任穷，详细讲述了李苦禅在抗日战争时期为帮助八路军抗日所做的贡献，推荐他为全国政协委员。经中央领导批准，李苦禅成为全国政协特邀委员，当时，他已八十一岁了。这是他一生获得的最高政治荣誉。

能获得这样的荣誉，李苦禅很感动，他的内心得到了安慰，共产党没忘记他，人民没有忘记他。郝鲁伟同志来李苦禅家里谈了两次，每每回忆起当时的情景，都很动情。李苦禅一再表示："做支持抗日的工作是我应当应分的，中华子孙谁也不能当亡国奴，所谓人格，爱国第一嘛！"这位兢兢业业为革命贡献终身的老干部听后，非常感动。

在改革开放各项政策的指导下，美术界也加速行动起来。经文化部批准，为了记录下老教授们的精湛画艺，批交中央美术学院拍摄四部教学片，分别是李可染、蒋兆和、叶浅予、李苦禅。这四位老教授代表了现代中国画和中国画教学的最高水平，记录下他们的教学经过，是利于当代、惠及后世的工作。

李苦禅毫无条件地接受了任务，马上开始做相关准备。他的摄制组由中央美术学院副院长张启仁担任组长。因为两人在革命岁月的关系，彼此相熟，所以在合作过程中李苦禅觉得很松弛、和谐。李燕和导演王君壮作为摄制组成员负责拟文稿，每到需要特别处理的分镜头的文字部分，李苦禅总会把他的想法先讲出来，然后由张启仁组织落实。教学片的拍摄工作是交给北京科学教育电影制片厂来完成的，导演王君壮是一位极其认真负责的人，他边拍边学，和李苦禅成为师生和朋友关系。令人意想不到的是，这部教学片得到了领导和业内人士的高度评价，曾破例出国，在中国驻日本大使馆为中外人士放映，颇受好评。

影片《苦禅写意》是以李苦禅的观点和思路来拍摄的，南齐谢赫的《六法论》和徐悲鸿教学体系是主线。在当时的时代背景下，这部影片既是写意画的教学片，也是传统写意艺术的启蒙教育片。毕竟"文革"造成的文化断层，使得传统文化对年轻人来说几乎是个盲区，尚存的文人画学者们仍是心有余悸，对自己专业的学术开放到何种尺度尚未可知。在这种情况下，李苦禅、张启仁、李燕经多次商议，确定了以简明、浅显、具体、生动的方式来阐述大写意花鸟画的本质和精髓，从造型、构图、用笔、用墨、着色等几个段落，突出应物象形、随类赋彩、经营位置、传移摹写、骨法用笔所达到的气韵生动的效果，这就是《苦禅写意》这部影片的历史意义。

拍摄此片时，套拍了二十分钟的《苦禅画鹰》，以李苦禅笔下鹰的形象，贯穿和弘扬他英雄主义的情怀和"所谓人格，爱国第

科教影片《苦禅写意》拍摄过程之一

科教影片《苦禅写意》拍摄过程之二

一"的精神。《苦禅画鹰》后来在各电视台公开放映。

这两部影片的拍摄，给李苦禅以极大的安慰，能够传承中华传统文化是他最大的心愿。虽然拍摄过程很烦琐，既要用心，又要花大气力，但后人得以从镜头中看到他画《盛夏图》《劲节图》的磅礴气势。为了切换镜头，达到人与自然的适当互动，八十一岁的李苦禅南赴桂林采风、作画、写生、观摩，与当地渔民交谈……虽然每天的日程安排得很紧凑，但他精神饱满，心旷神怡。后来他又利用暑假到北戴河拍摄了海边的外景。李苦禅生于鲁西黄河故道，沙土漫天，自小就没见过大海，直至20世纪60年代才有机会去烟台、青岛临海暂住，朝见东海日出，晚听波涛伴眠，更有"漆园小吏"之感叹，于是以海为题材的作品频出。为了刻画出李苦禅面对大海时感慨万千的情绪，摄制组一行又到北戴河拍下许多珍贵影像。李苦禅心潮澎湃，望及天涯，鲲鹏展翅扶摇万里的

百年巨匠 Century Masters 李苦禅 Li Kuchan

1980年，李苦禅与渔民在漓江之畔话鱼鹰

1981年，84岁高龄的李苦禅以平生的魄力，完成了名垂中国写意花鸟画史的作品《盛夏图》（与1979年所作《盛夏图》同名），此幅巨作由四幅丈二大宣纸拼接而成

心情得以充分展现。他常言孟子之说"养我浩然之气",融于大写意,而借助当代的电影艺术,方可形象展示这种精神。

教学片终于在1980年完成。全体摄制组成员和文化部、中央美院等领导和专业人士齐聚在北京科影厂礼堂,一同观看了影片。对于此片"可操作性的技法表现"与超前构思的"以动画片形式讲述写意画构图的变体安排"(注:当年还是手工绘制拍摄动画片),以及苦禅先生不畏年迈、无私通力合作、不用替身的亲力亲为,到场人员均给予了高度的评价,李苦禅看后也表示很满意,一再向导演、摄影师、剪辑、配乐等各方工作人员表示感谢。要知道,在那年月,苦禅先生为这部教学片跨三年度的全程劳动,是绝没有如今高片酬的,是纯义务工作。

以创作抒写时代

1980年12月,"李苦禅、李燕父子书画展"在香港大会堂举办,这是应香港博雅艺术中心和新华社驻香港分社的邀请去展览的。现在看来,这不过是一次展览,可回到极少有机会赴香港办画展的1980年,绝对是一件大事。当时,香港博雅艺术中心十分活跃,是大陆在尚未回归的香港开放的艺术窗口,大陆与香港的书画交易大多依靠博雅进行。艺术中心的雇员与负责人都是"老香港"、老内行雷子源和黄茅等同志,他们到北京来,主要也是和荣宝斋打交道,而邀请此展应属"特例"。李苦禅和夫人李慧文、儿子李燕三人的赴港住行与讲学、记者招待会,则皆由新华社驻香港分社全程安排。这是一次并非以经济收益为目的的展览活动,而是"文革"结束后的一次"文化亮相",在这一点上,李苦禅一家是非常明确的。他们在行程中特意安排了在香港中文大学等处的讲座。李苦禅乡音未改,语言平实,以传统画论贯穿,又当场动笔示范作画,与香港学生完全没有隔阂。特别是他讲自己初学西画的经历,尚还记得的英语和法语的单词、短句不时脱口而出,使会场气氛热烈而欢快。

展览开幕当天,港澳名人与众友云集,林风眠先生此时已迁居香港,两位耄耋老人相见,更是百感交集。自从杭州西子湖畔分手后,他们始终没有再相聚的机会,何况各自又经历了人生中最坎坷的一段时光,此时恍如隔世一般。李苦禅急步趋身,拉着林风眠先生的手,恳切地说:"林校长,看看我的画有没有长进?"命运多舛的林风眠微笑而苦涩地连连点头,感叹地说"比从前更有气魄了!"从 1925 年林风眠到国立北京艺术专门学校任职,与李苦禅相识,到 1927 年举办"艺术大会"后离京,再到两位新时代画者在西子湖畔的合作,及至耄耋之年的相逢,时光已经过了半个多世纪!他们这一代人的命运,早已汇入了中国近代史的长河里了。

  画展开幕时,赵少昂先生在得意门生佘妙枝的陪伴下赶去拜会了李苦禅。在近现代美术史上,岭南画派是不可忽略的研究课题,而赵少昂是岭南画少壮派的领军人物,彼时已是香港的知名老画师了。李苦禅从无门派之见,对岭南画家多有关注。两人见

1980 年,新华社邀李苦禅、李燕父子在香港办画展,画展中李苦禅(右一)见到了久违的老校长林风眠先生(中)

1980年12月岭南派绘画大师赵少昂（左）光临李苦禅、李燕父子书画展（在香港大会堂）对李苦禅（右）赞赏不已

面非常高兴，赵少昂先生与弟子还特意设家宴，款待李苦禅一行三人；虽仅此一次交谈，但聊得很是投缘。展览期间，香港大学校刊《学苑》特别刊登了李苦禅、李燕父子合著的《中国写意画浅论》，这应该是"文革"之后，重新向海外发出的以传统文化为底蕴讲述中国画的新声。

赴香港展览，是改革开放之初迈出的以香港为窗口对海外开展文化交流的重要一步，李苦禅先生走在了文化交流的前列。为了给国家节省开支，他一直坚持住在非常简朴的新华社驻香港分社的马坑涌招待所内，让李燕睡在卧室外的简易沙发上，绝不去住星级酒店，这令接待方与来访者非常感动。展览是成功的，文化影响见诸《明报》等各种报章，与此同时也为国家外汇创收做出了贡献。

此后，李苦禅为《八大山人画集》作序。李燕与清史学者李景

1980年，香港画展上父子合影

屏合作撰写电影《徐青藤》脚本时，他亲自为之作序。此后他又执笔为《徐悲鸿传》撰写序言……总之，他认为徐渭、八大山人是大写意画的高峰，必须推荐给后人，徐悲鸿先生的教学体系也必须要继承发扬。

李苦禅晚年一直期盼出版自己笔墨生涯的大画集。在"文革"前，北京的人民美术出版社已经编辑完成了李苦禅的画集，却没能出版。"文革"结束后，出版社挑选了已印成的若干单页，出了一版散页的画辑，其中有的原作与制版皆已散佚，故此画辑颇显珍贵。1980年和1981年，上海人民美术出版社和山东人民美术出版社分别出版了《李苦禅画集》。上海人民美术出版社的总编辑龚继先是李苦禅的得意门生，他从中央美术学院国画系毕业后就被分配到上海人民美术出版社工作，从编辑工作开始干起，经过多年积累，具备了丰富的经验。龚继先为恩师出版画集的心愿，终于在改革开放之初实现了。

上海人民美术出版社的《李苦禅画集》出版后，山东人民美术出版社也要出版李苦禅的画集，家人又精选了另一批画作提供给出版社。邀请谁来写序呢？经过一番商议，决定诚恳地邀请剧作家曹禺先生为这本画集写序，他欣然命笔。没过多久，画集顺利出版了，由此也留下了曹禺先生的一篇大作。

李苦禅见到了自己在中华人民共和国成立后两本画集的出版，其内心之感动溢于言表。这也是继齐白石先生之后，让中国人进一步了解大写意花鸟画的一件大事。

1982年春，李苦禅与夫人李慧文、儿子李燕应邀赴深圳、珠海、广州、苏州等地参观访问。到苏州，既有"公事"也有"私事"——苏州是李苦禅和夫人李慧文内心很牵挂的地方。李慧文原姓王，是苏州人，王姓是当地的大户人家，可怜其幼年丧父，母亲陆佩云带着幼女生活得十分艰难，经友人帮助，改嫁李省三，搬到了山东济南。人到了老年，很想寻亲也是人之常情，所以这次去苏州既有官方邀请，又有寻根之意，只不过因年代久远，物是人非，尽管通过公安部门查找，仍未寻到相关线索。李苦禅劝慰夫人："尽人事，听天命，人来一世不就是过眼烟云吗！"

到深圳、珠海、广州参观访问，令李苦禅大开眼界，特别引发了他对中国近代历史的联想。戊戌年（1898年）是大清帝国走向衰落的重要一年，戊戌变法的目的是振兴中华，结局却是残酷的失败。虽然变法没能实施，但"六君子"的行动振奋了国人的精神，谭嗣同、梁启超、康有为等人的革命情怀给大众以极大的鼓舞。

李苦禅出生于公元1899年1月11日，是戊戌年的十一月三十日。他从幼时就知道这"六君子"，此后的中国革命几起几

1982年，李苦禅与夫人李慧文在深圳蛇口

第五章 苦禅先生的最后七年

落，起义和革命好几次发生于两广、两湖及江浙地区。李苦禅虽为画家，但他不是拘于艺事以达私利的人，当看到改革开放的经济特区，刚刚起步的深圳、蛇口，基本建设成绩卓然的状况，他非常高兴，那荒蛮的山村、土地终于被唤醒了。他兴奋地应香港招商局负责人袁庚同志的邀请，参观了第一批引进的工厂。他说从戊戌变法到孙中山革命，都是广东人带头，都由南方发起，故而为香港招商局题写了"振兴中华，由南启北"如此颇有深意的题词。如果胸中没有近代历史，是想不出这样提纲挈领，具有超前意识的句子的。此外，他又为深圳特区题写了"人杰地灵，振兴有望"。回京之后的某日，负责深圳特区筹建工作的谷牧副总理来访，李苦禅兴奋地向他谈到对特区的感受，谈到他的建议和希望。谷牧副总理惊讶地说："想不到李老对特区这么关心，对我们的工作这么理解，许多人还不理解，认为我们在搞资本主义呢！"

在广州美术学院，李苦禅作了人生中最后一次大型讲学，时年八十三岁。在此说明，按农历计算，李苦禅生于戊戌年十一月的最后一天,至农历年三十已算一岁,春节后又长一岁故按两岁计,所以他在题画上的年龄,比以公元纪年长了两岁。

毕竟年纪大了,两次外出劳力劳心,回京后李苦禅觉有不适,住进了301医院。被医生诊断为轻度脑血栓。经过一段时间的治疗,加

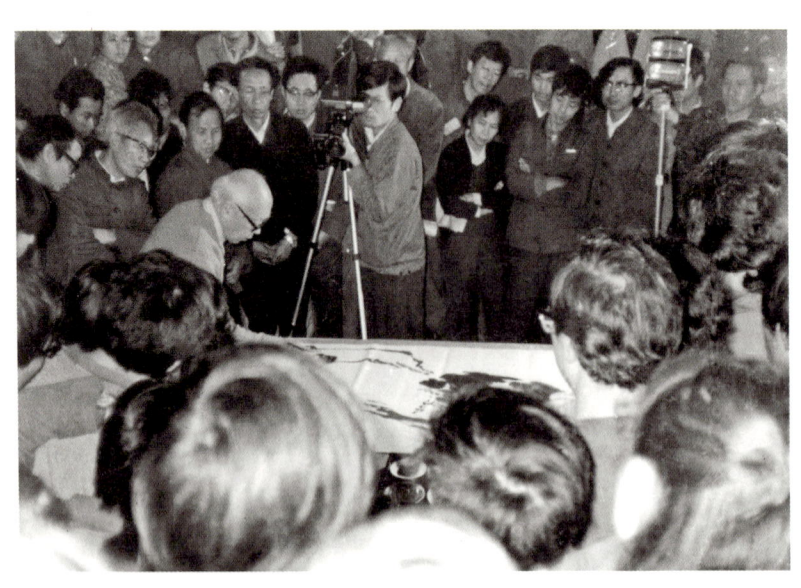

1982年,苦禅先生在深圳特区题写"振兴中华,由南启北"

1982年,李苦禅在广州讲学并给大家现场示范。这是他一生中最后一次进行大型讲学

上积极锻炼身体，他很快就出院了。

此后，传来一个出乎意料的消息，1983年1月11日，由中国美术家协会、北京市美术家协会和中央美术学院联合在北京饭店为李苦禅祝贺生日，同时祝贺他从事美术教育六十周年，盛友云集。在当时，这可是一件轰动了美术界的大事。

当天，首都文化艺术界一百多人相聚在北京饭店宴会厅，吴作人和萧淑芳夫妇、李可染和邹佩珠夫妇、蒋兆和先生等中央美术学院的老领导、老同事和学生们，还有文化部、北京市的许多领导同志纷纷到场祝贺。

华君武同志主持了庆祝会。李苦禅激动不已，热泪盈眶地发表致谢感言，几番语塞，后由李燕代读了发言文稿。李苦禅说："我还会活二十年，还要为国家画出一百件更多更好的作品……"

1983年，中国美协、北京市美协与中央美院在北京饭店召集茶话会，祝贺李苦禅先生从事教育事业60周年与86岁寿辰

全场报以热烈的掌声，人们都深爱着这位表里如一、古道热肠的艺术大家。

回望近代画坛，李苦禅的老师齐白石先生长他三十五岁，德高望重，1957年寿终正寝。徐悲鸿先生长他四岁，林风眠先生小他一岁，潘天寿先生长他两岁，这些和他年龄相仿的师友因各种原因都没能完成各自的人生目标，而李苦禅能得到众人对他从教六十周年的庆贺，能留下自己满意的作品，能看到改革开放后日渐强盛的祖国，实属不易。

1983年的初夏即显出闷热潮湿的气象，6月5日，他为李燕画的猴子补了墨竹，并题字"哺幼图"，这是父子二人合作的最后一张作品。

6月8日，李苦禅应邀为日本长崎孔庙书写了仪门对联"至圣无域泽天下，盛德有范垂人间"，这副仪门对联写在两张六尺整

《远瞻山河壮》 1979年

《哺幼图》，1983年李苦禅、李燕父子合作

纸上，一共写了两副，他特地嘱咐一副交给日方，一副留在国内。写毕，李苦禅让李燕铺到地上，认真地审视一遍，自感满意地说："为国外的孔庙写，得认真呀！人家刻到仪门上，来往的人都看着呢！要对得起世界观众，更要对得起孔圣人！"

6月10日的晚上，李苦禅突发心脏病，于11日凌晨溘然离世，走完了自己坎坷而富有成就的一生，传奇的一生。他热爱自己的国家，忠实祖国的文化，殚心竭虑地奉献了自己的一切！

李苦禅应邀为日本长崎孔庙书写的仪门对联"至圣无域泽天下，盛德有范垂人间"

第六章 艺术当随时代

"艺术当随时代"得到绝大多数人的认同。由于人们处在不同的社会层面,故而对"时代"的认识和理解差异很大。

李苦禅不拒绝西方文化和艺术,但是坚守中华文化艺术的原点。对老庄哲思、孔孟之道他是站在时间和空间的交点上来继承的,因此在他的作品中我们看到的是博大精深的基础和磅礴丰沛的情怀。

在绘画中讲述哲学

苦禅先生认为：在中华传统文化的大系统中，绘画只是小道，书法难于绘画，两者之上有诗词歌赋曲等集大成的文学形式，再上有音乐，更有"无弦之琴"与"无声之乐"，最上一层是中国哲学——老、庄、禅、易、儒。他认为中国哲学是最高的，是纲，而其他各种门类均为目。作为一个出身于山东贫苦农民家的画家而言，能够在一生的艺术道路坚持这样的认识和实践，是有其历史根源的。

多年来，他的这个观点始终没有引起专家学者们的重视，甚至认为其"落后"，跟不上时代。转眼到了改革开放的时代，随之而来的是西方思潮的涌入，继而出现了"中国画已穷途末路""中国绘画应与世界接轨"等相对模糊的、缺乏具体理论支撑的观点，二三十年过去后，无论是在学术研究层面还是在大众欣赏层面，皆出现了传统文化缺位和断层的问题。近年来，伴随社会对于传统文化的再度重视，有必要重新去审视那些"落后"的观点。终究传统文化的形成绝非"一日之功"，在任何时代，都有它存在的意义与价值，它影响并触及社会的每个角落，也包括我们自己。

自古以来，中国绘画始终是被统领在中国哲学之下的。

苦禅先生常说，中国的哲学产生于中国的土壤。与"形而上"相对应的是"形而下"，如"阴阳""中庸"等，使用的是中国自古以来的语言。再比如说"天"，可以指具体的"天空"，除此之外容纳着非常宽泛的意思:"天道""上天""天人合一""与天同契""天遂人愿""天理难容"甚至是"无法无天",旧戏词中受冤枉的人还会喊出"杀了人的天哪"等。以此我们可以归纳出,"天"的概念已从自然界客观的存在,演变成个人和群体对外界、对宇宙的认识和综合抽象的概念了。

苦禅先生和白石老人都喜画大白菜,题上"世世清白"是一个意思,题上"蔬菜丰收"又是一个意思。其实"世世清白"已经距离白菜本身的含义很远了,"清白"是一种做人的境界,是作者约束自己,或用以启发观者的道德理念。如果我们以这四个字为原点,瞬间就能回到孔子的时代。孔夫子的哪一句话不是教导我们要清白做人呢？2018年第二十四届世界哲学大会提出的主旨"学以成人",开启了东西方哲学对话的新篇章,由此,以西方哲学为主的研究转变到接近中国文化传统中"成教化,助人伦,穷神变,测幽微,与六籍同功"(语出唐代张彦远)的语境,这是东西方哲学交流的新篇章。在这里,我们回顾一段苦禅先生的往事。"文革"前,因时任中共中央高级党校校长的杨献珍提出了"合二为一",引发了全社会的讨论和批判,其中也包括中央美院。在大家发言之后,主持人点名请苦禅先生谈谈想法,苦禅先生直言"只说'一分为二'不对,只说'合二而一'也不对,把这两句合起来就对了,'一生二,二生三,三生万物'……"当时,很大一部分人不知道他说的是什么,还有一部分人认为他这是反对毛主席的"一分为二",其实苦禅先生说的是老子的观点,只不过因为文化断代导致很多人不了解而已。当时对杨献珍的批判是很严厉的,而在此时,苦禅先生依然坚持中国传统哲学的观念,也确实会让人认为他"跟不上时代"。但从这件事中,我们可以理解苦禅先生的哲思根植于传统，从未发生动摇。

新文化运动早于五四运动，但是由于各种原因，我们始终没有客观地梳理辨析看看哪些是对的哪些是错的……苦禅先生始终坚守中华优秀传统文化的立场，山东是孔孟的源头，齐鲁百姓在遵从儒家学说的自觉性上，较其他地方更加突出。

分析具有代表性的作品，会更容易理解苦禅先生的观点和主张。

一、形色与有无

这幅《柳石栖雀图》作于20世纪50年代中期，题字内容是从"形"与"色"、"有"与"无"的简单概括中诠释老子美学的观点——如何体会出于自然的美。

单看画面，很简单，一般观者会认为不就是一只鸟、一棵树吗？但是，题字中蕴含着哲理："大界有鸟树，藉以造画图。形色天铸定，无有化有无。"

界，是指一定的范围，大界则是指广阔无边的天地之间。无为，

《柳石栖雀图》20世纪50年代中期

是顺其自然,在这里是没有特意加工的意思。把这四句"翻译"一下:

> 广阔的天地之间啊,
> 有那么一只鸟、一棵树,
> 我借着此景画了这幅画,
> 形啊、色啊,都是大自然赋予的,
> 我不过是用笔墨把真实的景物留在纸上而已。

这幅画既不是告诉观者怎样画鸟、怎样画树,也不是告诉观者怎样经营构图,而是用"形"与"色"、"有"与"无"在中国哲学范畴的相互关系,诠释了老子美学的观点——美出于自然。

二、春生万物

这幅《春气生万物》的题字很高妙:"春气生万物,混沌应时生。无谓卵有毛,动中出之静。"春天是万物生发

《春气生万物》20世纪50年代初期

的时候，中国人对春天的感受极为丰富，同时也对春天寄予了无限美好的希望。第二句的"混沌"一词有两个意思：其一为古意，指在宇宙形成之前，混沌一片；其二是形容糊里糊涂、无知无识的样子。此处的"混沌"应是指被寒冷冬季封冻的大自然，春天来了，生命将要"应时生"了。一个个蛋壳里要有毛茸茸的小鸡出来了，蛋黄、蛋清的物质形态将要转化为有头有脚的活泼生命体了！到底是先有鸡还是先有蛋，始终是人们争论的话题，但这个问题在《庄子·天下》所列"辨者二十一事"中就有了很全面的论述，即"卵有毛"。"卵有毛"的大意是蛋既然能孵出鸡来，鸡身上有毛，所以蛋里就应该有毛生成的因素，有毛的动物的蛋里有产生毛的元素，没毛的时候是"卵无毛"，有毛以后即为"卵有毛"。

这幅画是极普通的母鸡孵蛋的题材，但是苦禅先生用了四句，二十个字，以"卵有毛"的典故，以动与静之间的关系，阐述了生命不同的存在方式和转化过程。

三、花叶人不知

唐代诗人白居易有一首诗："花非花，雾非雾。夜半来，天明去。来如春梦几多时？去似朝云无觅处。"花——非花，雾——非雾，虽然用的是"非"却分明含有"是"或"似"的意思。像春梦一样地来，像朝云一样地去。由于白居易用了一串比喻，故而读来既有似是而非的模糊，又有行云流水的顺畅，它也是一首一直让后人难以明确定位的小诗，故当代人也有称其为"朦胧诗"的。

苦禅先生在此幅《墨荷图》中也用了类似的表述："或者云谓花，或者说是叶。花叶人不知，无宁说沈墨。沈墨人不晓，无宁云奚若。奚若奚若再不明，无宁说鸿蒙。"效法对白居易那首诗的理

《墨荷图》20世纪60年代

解，我们可以体会出苦禅先生的意境，体会出画中阐述的哲理。

奚若，意为"怎么样""如何"。《庄子·齐物论》中有"夫子以为孟浪之言，而我以为妙道之行也。吾子以为奚若"。夫子认为是荒诞的狂言，我却认为是通往玄妙的途径，我的老先生您以为如何啊？

画上题字可简释为：你说它是花它就是花，你说它是叶它就是叶，要是再不明白，不如就说是未被开辟天地的一团混沌元气吧！苦禅先生虽然说的是画花、画叶，但是重点并不在花与叶的造型上，而意在说明笔墨渲染的丰富与超脱。这种超脱于物象的写意画手法，既有物象本身之美，又有物象之外的美，既是它又非它；作者与观者在借物而悟的过程中，通过具象体味意象，实现对中国写意艺术美学中妙在"似与不似之间"（齐白石先生语）的理解。

四、思佛即空

苦禅先生一生创作的风格和学术研究的倾向是"以纲带目"，"纲"即为中国的哲学：老、庄、禅、易、儒。"目"即为音乐、文学、书法、绘画等艺术。故而看他的作品，决不能只观画而不读文，不但要读，更要理解其意。

《达摩面壁图》中的题字分为两段："于无心处画佛，于无佛处求尊。山谷题佛句。早年画，禅记。"

"意在笔前，普通画法如是。黄山谷之画法是于大鸿蒙宇宙中著思下笔，当局作者亦寓在画之着想中，即于大空思佛即是空，空即是佛。此画法已入佛家哲学思想中矣。余生平不写佛像，因无哲学深渊思想，故不敢率尔，此遣意写之，生平只劈头第一遭也矣！禅。"

"意"既有实起，也有虚起。实起可以体现画家的"意"，比如唐伯虎所题《四美图》观者一看就明白；至于虚起，我的体会就是苦禅先生所说的"于大鸿蒙宇宙中著思下笔"，给黄山谷做了一次高度的哲学定位，即老、庄、禅、易、儒的综合定位。这是基于苦禅先生对苏东坡、黄山谷等人的高度的理解和评价。

"寓"有寄托的意思，"寓在"即指黄山谷把自己的思想寄托在作品中——大空思佛。苦禅先生是站在对黄山谷的理解和认识的角度来写这句话的，即"空即是佛"。最后他自评，若无哲学的深渊思想，不敢轻易画佛像。

苦禅先生生平劈头第一遭画的佛像如何？此像皆以草书笔法写出，禅意益浓，淡赭色多渲染达摩面部，衣纹则略勒淡红，在疏密对比中头面神态益显，更以黄山谷"于无心处画佛，于无佛处求尊"的题字内容来随录参禅悟道之体会，其作画心境可窥一斑。

《达摩面壁图》20世纪60年代

五、三句三论

以典型物象入画并非易事，既不可作为图解，又不可离题过远，要想达到既有明确的目的又有浓厚的趣味、高妙的笔墨，那一定需要画家有高超的绘画水平和深厚的文化功底以及引人入胜的情趣。这幅《群鱼图》即为苦禅先生绘画水平和文化功底高度融合的作品。

《群鱼图》1981年

　　《群鱼图》的题字为："庄子惠子曾有濠梁之辩,孟轲亦有食鱼之论,东坡及佛印亦曾有苏字之趣耳。辛酉春三月戏写鱼图,八四叟苦禅于京华三里河楼头。"这三句话,两句为典故,一句为轶事,颇简洁,且有令人深思的余地。

　　庄子惠子曾有"濠梁之辩"——辩论鱼之乐的问题。庄子说:"河里的鱼儿很自在,真是快乐啊!"惠施问:"你不是鱼,怎么知道鱼的快乐呢?"庄子说:"你又不是我,怎么知我不知鱼的快乐呢?"惠子又问:"我不是你,自然不了解你;但你也不是鱼,一定是不能了解鱼的快乐的!"庄子答:"刚才你问我:'你哪里知道鱼是快乐的?'这说明你已经知道我了解鱼的快乐才问我的。我告诉你吧,我是在濠水的岸边知道鱼是快乐的。"

　　孟轲亦有"食鱼之论"——"鱼,我所欲也;熊掌,亦我所欲也。二者不可兼得,舍生而取义也"。孟子以鱼与熊掌起,讲到生与义,告诫人们在两者不可兼得的时候,应当舍生而取义。

　　东坡及佛印和尚亦有"'苏'字之趣事"——东坡刚做好鱼,

见佛印远远而来，便将鱼藏到门框（亦有说书柜）之上。佛印进门闻到鱼香，请教东坡"蘇"字怎么写，东坡即写"鱼"与"禾"左右各在一边的两种写法，佛印说把"鱼"放"禾"的上头如何？东坡说"不可"，佛印说："那就把鱼从门框上头拿下来吧！"东坡无奈，只好"从上头"拿下，与佛印分食了这条鱼。

一张《群鱼图》，生动各自游，题了三句话，大义解春秋。

六、罗浮随想

齐白石先生曾作《墨蝶白梅图》，画中题道，坐有客问曰："梅花开时岂有蝶乎？"余曰："君可曾去过罗浮山乎？"客曰："未也"余曰："君勿问。"苦禅先生曾问白石老人："您去过罗浮山吗？"白石老人笑答："我也没去过，只因画墨蝶显得梅花更白！"

苦禅先生也曾多次以墨蝶白梅作画，也题"罗浮山之景盖如是也"。罗浮山到底在哪儿？他们俩为何如此重视？

葛洪（抱朴子）在公元333年左右，请求到传闻产丹的交趾郡出为句漏县令，后偕子侄同至广州，请辞一切官职，入罗浮山炼丹修道，著书立说，这一"入"就是三十年。有此史实在前，可见罗浮山亦非虚名。

在《红梅仙姿》中，苦禅先生又对梅与水仙的组合题写"罗浮仙姿，宜道亦宜神"，这里的"道"与"神"既是实指，又是虚指，可以具体地理解，也可以抽象地理解。近年因《肘后备急方》为诺贝尔生理学或医学奖获得者屠呦呦对青蒿素的研究提供了启示和支持，大家才知道，此方作者葛洪的"炼丹"成就早已被世界化学界所肯定和尊崇，但是因为我们没有站在"炼丹"也是一种"化学实验"的角度来认识葛洪的实践，才一直没有对他的成就给

《墨蝶白梅》1964 年

予充分的肯定和评价，反而把"炼丹"只归为封建迷信。

"化学""物理"这些课程的名称是随着西学东渐来的，现在我们视它们为现代的、科学的，而视传统的"炼丹术"为封建迷信。产生这种误解的原因很多、很复杂，其中有一条是不好规避的，那就是在我们的传统文化中，祖先们是用文学语言甚至是艺术语言来描述或概括哲理和各种实验活动，比如"格物致知"，即：推究事物的原理法则从而总结出理性知识。对自然科学的研究，也会以《天工开物》《本草纲目》等为其书名，即使如《徐霞客游记》这种专以考察地理山川的书籍，也颇具文采，可列入名篇来读。"炼丹"一词就更是多解了，既是实际的化学实验操作，又含有道教中养生功法的一套理论，即所谓"炼丹田之气"。对于现代人来说，这种表述理解起来有困难，因为现代教育的分科是从小学甚至是从幼儿园开始的，这也是传统文化断层和各种缺乏审慎思考和理论根据的快速调整造成的。

"炼丹"一词的主旨应为"练内丹",人身穴位即有"丹田"称谓,且最为重要的穴位,即健身气功的一种。而"炼外丹"是类似于将硫与水银化合为硫化汞,即朱砂;朱砂既是一种国画颜料,又是一种有定心安神之功效的中药,据说有人以为服用此"丹"可以延年益寿,殊不知长期过量服用重金属会因中毒而夭亡。根据现代考古研究发现,秦始皇陵确有大量水银存在,可见当时人就知道水银的作用了。据说雍正帝与《红楼梦》中的贾敬,皆死于服丹。虽说目前研究葛洪和他的学术成就的人不多,但是史上留存下来的关于罗浮山的诗和画却不少。

《红梅仙姿》1981年

七、画鱼解鱼

苦禅先生创作于1962年的一幅《鱼》,画上题字为:"曾有人问鱼名者,余即总鱼称呼之答可也。若观其鳞可临湖河海观之。壬寅初寒,兀坐案间写,以遗(遣)寂寞耳。禅并识之。"按:"兀"可以理解为百无聊赖。

如果观者有传统文化修养的基础,就能体会出这段文字里的玄机,即是对"白马非马"的反解。

公孙龙是战国时的诡辩名家,他骑白马过关,守门官说"人可过,马不行",公孙龙说:"白马不是马。"守门官只得让他交钱过关。由此,"白马非马"成为引起历代学者研究和关注的课题。白为颜色,马是一种动物,白马专指白颜色的马,不含黄、黑等其他颜色的马。这一有趣的辩论,实际上反映的是哲学中的统一性和差别性的关系。

苦禅先生的这段题字没有用"白马非马"的逻辑,一定回答是什么鱼,却说:"我告诉你,就叫它鱼就可以了。"如同说"这就是马"一样,在这里强调的是鱼的统一性。接下来又说:"如果你真想看鱼就到江河湖海去,那里有各种各样的鱼。"由此过渡到差别性上。苦禅先生大量画鱼、题鱼,特别强调江河湖海中各种各样没见过的鱼。由此我们可以体会到,他既随时关注鱼在大洋大海中的共性状态,同时又特别关注差异性。有差异才有区别,有

《鱼》1962年

区别才丰富多彩，这对绘画来说是非常重要的。

八、怀人不见人

《与佛有缘》是白石老人怀念乡友的作品，一片精微的贝叶托着一只小小的生灵，画中题道："世衡乡先生，少时善病，家人常将其舍入空门，故邻里皆以和尚相呼，而不其名。此乃四十年前旧事也，今独余犹能详焉。白石齐璜时居燕并题记。"白石老人居京久矣，回想这位体弱的少年被舍入空门的情境，希望他能像这只草虫伏在贝叶上，渡过苦海，从而把中国人所崇尚的哲学理念之一的佛学表现在绘画里了。（按：古印度无纸，将经文书于贝叶，故贝叶每喻"贝叶经"。）

再来看苦禅先生的小品画《蛤蟆》，正中位置画了一只蛤蟆。从构图上来说，这等于自己给自己出了个难题，无论是中国画还是西洋画，在构图上都忌讳把主体放在正中间。西洋画构图往往以黄金分割为基础，中国画构图就非常多样和复杂了，比如山水画既有高远，又有平远和深远等。花鸟画的构图自宋代开始就十分讲究了，不但"妙"而且"玄"，如何解答自己出的难题呢？苦禅先生在画面上讲述了一段儿时的回忆："昔遇乡童有名二蛤蟆者，熟习玩久，感其诚实可亲。计今已六十年左右矣！不知其在五湖四海，或仍在人世作何人事也。禅。"这一段纯真回忆的文字，与蛤蟆合为一体，解决了构图的问题。

这两幅作品表现出两位作者关照的"纬度"，这个纬度即为童年、少年时对乡邻伙伴极富亲情的回忆和描述，这是情感真挚的"怀人"作品。

两位作者怀人不见人，以最擅长的花鸟造型取代：对世衡先生

的祝福是轻落在贝叶上的草虫，渡过苦海，达到彼岸。对"二蛤蟆"的呼唤是真的画了一只憨厚肥硕的蛤蟆，以周边题满的字讲述思念之情，这题字恰似岸边的草丛，应是蛤蟆的隐身之所……虽此"蛤蟆"非彼"蛤蟆"，却以巧妙的艺术手法引人进入作者的回忆。这是文人画的本色境界，有人物、有情节，有怀念、有祝福，情景交融，唯独没有人物形象出现，而是以花鸟画作的视角和技法寄托了作者的情感。怀人的作品在诗词歌赋中比比

齐白石《与佛有缘》　　齐白石《与佛有缘》（局部）

《蛤蟆》1974年

皆是，但在绘画中能达到如此新颖而感人的并不多见。

苦禅先生认为自己对哲学的研究很不够，加之主张"述而不作"，又受禅宗哲学"不立文字，教外别传"思想的影响，所以他的很多观点都是以笔记体或诗经体记录下来的，还有一部分散见于书信往来之中。

苦禅先生说："古人讲，形而下者为器（即真），形而上者为道（即气韵）。艺术，形而下者容易，形而上者难，是高度的。中国写意艺术是形而上的艺术。"在具体的论述中，他清楚地表述了对"气韵""生动""雅气"与"霸气"的认识和体会。

九、《形而上之表现》

"气韵"不尽止烟云而言，"生动"只可经常体会修养而出。"雅气"（书卷气）、"霸气"（犷野气）。无墨处求画，例如八大山人之画：主体之外，大空白处是也。意到笔不到：例如行笔而淡漠了之，但意仍存不绝。神品之类，不思不想，乘兴而出之，只可一现不可再现，亦属形而上之意义。

苦禅先生在教学中特别强调"意象"，对意象的含义，他是这样解释的："八大山人的取物造型，在写意画史上有独特的建树。他既不杜撰非目所知的'抽象'，也不甘写极目所知的'具象'，他只倾心于以意为之的'意象'。故其所作鱼多无名之鱼，鸟常无名之鸟。八大山人是要缘物寄情的，而他画面的形象便是主客观统一的产物。由于八大山人对于物象观察极精细，故其取舍也极自由，他以神取形，以意合形，最后终能做到形神兼备，言简意赅。"主客观统一的产物便为意象。苦禅先生笔下的禽鸟，就是对具象综合取舍为意象的表现；以鹰为例，他把鹰的眼和嘴夸张为方形，更强化了凶猛、机敏的特征。

苦禅先生说："古来文人画发展到高度，必借禅学以充实其美学修养。美愈简少则愈明显昭著，愈丰富则愈虚淡含蓄。识前者易，识后者难。倘虚心潜悟亦不难，唯无知且有成见者非但无缘识之，更因此道照见其无知而恼羞、仇视，遂加罪祖先，妄议禅、老，穿凿附会，曲解经文，攻其（指文人画、禅画）含蓄为空泛，责其进取为没落。尤有假作参禅而拆庙者，适为国内极'左'之机巧附庸，国外贬我之便利口实。其伤我民族精神自尊之心，直若潜在之'尼古丁'也！"

对"文化"，苦禅先生有一段清醒而客观的论述："文化即国之精华，精华在而民族存矣，唯一重宝即在文化。故南宋画院随

第六章 艺术当随时代

形而上之表现

气韵不君止烟云而言,生动只荷经常体会休掉而出。稽之气(云卷气)鼬气涨,野气。当笔墨成画,倒如大山人之画;主体之外,太空自属当也,倒如笔不到,倒如引笔而浚漠之之,但意仍存不殆,神品之数。画里不画,乘兴而出之,不可再现,如屠形而上之意表现。

此系先父课徒之提纲手稿,约写于七六至之後。七九年之夢戊辰髮庋識之

《形而上之表现》手稿

地设立。招之天下能手入院，赏待优裕，制作自由。因刘松年、马、夏等制作伟壮，宏富山水，一如大好山河之圣。人物花鸟即爱国志士英雄璀璨，宇内之灿烂文章也。由此可见上下一体同仇奋忾，团结一致之坚固。虽后人疑马、夏'一角'象征宋室偏安，实则一角山水雄壮浑朴，气概仍充溢幅员之广大耳，未稍减逊，在民气未死，自由制作而生活安绥犹磐砥之安也。"

百年前，孙中山在涉及"民族主义"时说："中国有一段最有系统的政治哲学，在外国的大政治家还没有见到，还没有说到那样清楚的，就是《大学》中所说'格物、致知、正心、诚意、修身、齐家、治国、平天下'那一段的话，把一个人从内心发扬到外，由一个人的内部做起，推到平天下止。"

在清末民初活跃起来，并在近现代史上有举足轻重作用的梁启超先生，对中西文化有深刻的研究，并提出了明确的目标。他说："第一步，要人人存一个尊重爱护本国文化的诚意；第二步，要用那西洋人研究学问的方法去研究他，得他的真相；第三步，把自己的文化综合起来，还拿别人的补助他，叫他起一种化合作用，成了一个新文化系统；第四步，把这新系统往外扩充，叫人类全体都得着他好处。"（选自《梁启超传》）

苦禅先生的这几段论述言简意赅，从创作的方法、题材以至社会问题、历史问题等角度直抒胸臆，涉及中国传统文化中的哲学理论。

拓展绘画的新意境

苦禅先生说绘画为"小道",并非认为绘画"浅薄",只是认为它的技巧表达"不难学",难的是画家自身的修养和境界所能达到的高度,才是能否名垂青史的最后答案。

从岩画和陶器等上古遗存的花纹来看,古人无不是从自然和生活中根据要画的"形象"特征将其移到岩石和陶器上的。苦禅先生认为书法难于绘画的理由是:鉴于每个汉字的形成均有它从象形、会意以至字体的复杂发展过程,较之最初的象形更为抽象,而含义却更丰富了,逐渐形成了书写的各种体例和规律。苦禅先生认为中国的文学又在书法之上,难度更大。持这种观点的在近代学者中不乏其人,但是由于各种原因,能坚持实践的人并不多,达到一定高度的人就更没有多少了。

苦禅先生执念于"六艺",大有"深从六艺溯流别"(章学诚《诗品》)的遗风。虽然他是以绘画传世,并非如白石老人"诗、书、画、印"并行,但在绘画的同时,他表现出来的"风雅颂"和"赋比兴"的能力也是十分突出的,因而形成了自己清新、洗练、生动鲜明的风格。

苦禅先生在上小学和中学时正是严复、辜鸿铭、王国维、章太炎、黄侃等学者前后交替,学术活动十分活跃的阶段,深究"小学",整理"国故",研究碑帖之学以至甲骨文蔚然成风。苦禅先生深受众学者的影响,加之本性不辍醇厚、豁达开放,他从绘画的主体起笔，追求内心要想达到的效果，思考"画"与"题"以及怎么题能够浑然天成；他操控画面的节奏和实际表达的能力是高度统一的，选用什么形象择取什么文字，最终达到心中所想的效果，这个过程是流畅的。

苦禅先生的题画诗非常古朴，有《诗经》的风范。齐梁时代的钟嵘所作《诗品》中写到诗有六义，"一曰兴，二曰比，三曰赋"。"文已尽而意有余，兴也"，"因物喻志，比也"，"其书其事。寓言写物，赋也"。因此三点结合，苦禅先生的题画诗无不"达标"，即有"意有余"者，有"因物喻志"者，更有"寓言写物"者。

在这里，要解释一下"寓言"二字，词典中的解释为：一、有所寄托的话。二、用假托的故事或自然物的拟人手法，来说明某个道理或教训的文学作品，常带有讽刺或劝诫的性质。

赋，是古代文体，是韵文与散文的综合体，通常写景叙事。苦禅先生在使用"赋"体时，对所寄托和说明的某个道理或教训发挥得直白且诚恳，这也是个性使然。在读苦禅先生的画时，认真品味画中题诗或说部类的短文，颇有趣味。

一、荷塘鱼鹰

中国的传统教育方式是以师承为主线的，比如孔子门下七十二贤人，以下又有各代名师与高徒，形成了庞大的儒学队伍。绘画的继承与发展也是这样，近现代北京大写意花鸟画坛上的齐白石、李苦禅、许麟庐三人的师生关系与艺术传承，就突显出这一特征。暂且不论白石老人遍访贤师而独辟蹊径、自成一家的过程，只是从齐、李、许三人生活的年代和各自的绘画特质，统观一下他们对大写意花鸟画的推动与发展。

齐白石（1864—1957年）、李苦禅（1899—1983年）、许麟庐（1916—2011年），他们三人生命的接力达一百四十七年之久。白石老人从细木匠起步，涉猎书法、金石、诗词、绘画。苦禅先生从幼时习国画到考入北京美术专门学校西画系，又转身拜师白石老人，以教学与创作度过一生。麟庐先生初出津门，往返京津，师从溥心畬，后经苦禅先生介绍，拜在齐门。从1864年白石老人出生，到2011年麟庐先生辞世，他们亲密无间，齐心协力耕耘于大写意花鸟画的艺坛，完成了历史所赋予他们的任务，这在中国近代美术史上是很突出的一笔。我们不能仅说这是历史的巧合，这应该是一种必然，是大写意花鸟画的内涵和魅力凝聚了他们的灵魂，才形成这样一个奇迹。

从这幅《荷塘鱼鹰》上，首先感受到的是师生三人在艺术追求上的共性，但同时也显示出了他们各自的个性，这是一幅既统一和谐又张扬生动的作品。苦禅先生的功力与麟庐先生的潇洒，白石老人的严谨与中肯，至今或许没有与之比肩的作品。1948年

1950年，齐白石、李苦禅、许麟庐合作《荷塘鱼鹰》

苦禅先生引见麟庐先生拜师于白石老人。1950年，麟庐先生卖掉了面粉厂，在北京办起中华人民共和国成立后的第一家画店，白石老人为其题名"和平画店"；后又征得白石老人同意，竖起了"齐白石书画专售店"的标牌，此后白石老人经常光临和平画店二楼，当场授徒、作画，苦禅先生和麟庐先生二位的画作亦及时请恩师过目指正，恩师择爱题识，那真是天时、地利、人和的创作环境。这幅《荷塘鱼鹰》就是完成于和平画店的佳作，是不可再得的。书画家合作自古就有，师生、朋友性情相合，兴趣相投，故《荷塘鱼鹰》并非首创，但就其诞生的时间、地点和所达到的水平来看，却是当今文人画的高峰。苦禅先生和麟庐先生的构图与意境统一简练，特别是白石老人的题字，就其内容和位置来讲，也绝无不当之处，白石老人谦和的为人也体现在题字的位置上，这是文人的优良传统。。

二、写松心得

初学绘画时如何入手，一直是许多人争论的问题，或主张写生起步，或认为临摹为先，其实无论从哪种方式起步，只要能把握要领、悟得精髓、深入实践就可以，请读《松树双鸦图》中的题字："青年时所作，齐门画法，亦步亦趋，尚未越其矩矱耳。松针细长，松身作长环，先师白石翁所韧创也。辛酉夏月，屈指此画已五十三秋矣。八四叟苦禅记。"苦禅先生记述了当初自己学习的方法，亦步亦趋，并说"松针细长，松身作长环"，是白石老人"所韧创也"；韧指支住车轮不让它转动的木头，"韧创"比喻这种画法的开始。我们一直在强调创新，对于怎么创新却一直存在争论与分歧，白石老人的画法在当时就是创新，然而百年后，他的创新已然成了中国大写意花鸟的传统。

《松树八哥图》上题字为"松梅写法元人多用之""吾师白石翁画松亦常用之，稍变化耳"，苦禅先生在画中写到，这种画松梅的方法元人多用，又在画的上方补题，白石老人画松时在元人的风格上"稍变化耳"。对照《松树双鸦图》，可以理解苦禅先生想要表达的意思：后人都是在前人的基础上前行的，切勿狂傲标榜自己。

三、古人师大造化

苦禅先生常以徐渭、齐白石画中的题诗来补白自己的作品，一是他非常喜欢这些诗句，觉得补在自己的画中很统一，二是他也希望更多人读到这些句子。苦禅先生作画常是由写古人入手，而后或介绍其特点，或点评其优劣，或引发出新解，总之是以夹叙、夹议、夹评来完成自己的创作。这幅《墨葡萄》，右边的大量题字与左侧的葡萄各占左右，中间以松散的藤蔓相隔，题字是主旨："温日观以草书

《松树双鸦图》1927 年

《松树八哥图》，约李苦禅80岁作

写葡萄，随以名后世，而后人之写之者纵横狂肆，遂入魔俗之途矣！谁谓大众无鉴美之才力哉！甲寅年尾爱记题之，禅。"辞典记载，温日观是宋代僧人，居武林（今杭州葛岭玛瑙寺）。"人但知其画葡萄，不知其善书，世传葡萄多赝，其真者，枝叶须梗皆草书法"，从辞典的介绍文字可以看出他的特点——"枝叶须梗皆草书法"。

　　苦禅先生对此是怎么看呢？草书并非是"纵横狂肆"的表现，大众有鉴美之能力。苦禅先生在如此小的画幅中如何表现他的想法呢？空间若留得不够，藤蔓的草书味道显不出来，就会产生隔膜，即我们常说的"不贯气"，但细看画中由藤蔓的行笔衔接苦禅先生的行草题字，画与字就融为一体，形成了饱满而统一的画面，并产生舒缓的节奏感。这就是他能够达到的书法与绘画用笔的统一性。

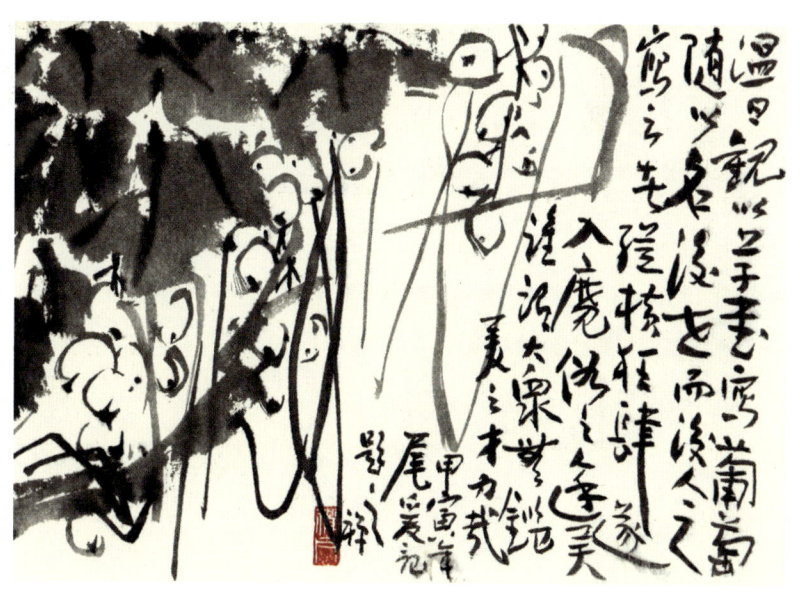

《墨葡萄》1974年

《白梅》1974年

在《白梅》这幅画中，苦禅先生题道："古人师大造化；如临古人，即间接师其意也矣。禅。"这句话很简短，但是信息量大。古人的"三观"与今人不同，他们遵循的是修身齐家治国平天下，对"世界观、人生观、价值观"分割得并不清楚，对"大自然"、对"自身"、对"价值"的认识是浑然一体的，这是在"天人合一""自然为道""无为而治"的不断传承、延续和研究中形成的。由于他们没有把时间和空间"分割成条块"，所以认识是整体的，所以才会写出"夫大地者，万物之逆旅也；光阴者，百代之过客也"的感受，写出"古人今人若流水，共看明月皆如此"的诗句。"古人师大造化"，这在山水画中有充分的体现，散点透视的形成就应该属于这"师大造化"的一种表现，花鸟画中的"混搭"也属于"师大造化"的一种表现。

苦禅先生告诉我们，"如临古人，即间接师其意也矣"，这也就是说让我们回到古人的内心世界，读懂他们，理解他们，如此才是丰富自己和传承发展的方法。

四、新罗山人有高意

"时间都去哪儿了？"这句话一出现就被广泛流传。确实，在当今这浮躁的社会中，我们应该认真地扪心自问。观此小品，不禁让人回忆起苦禅先生读书、临帖、作画、讲学的身影。他常以《论语》所教"学而不厌""温故而知新""学而不思则罔""学如不及，犹恐失之"来提示我们要不断学习。研习古人的书法与绘画占据了苦禅先生的很多时间，他一生保持着传统文人的习惯，喜欢以题跋来阐述或点评碑帖、书籍的优劣，既有即兴的心得，也有学术上的思索。

这幅作品是以新罗山人之意而绘，与苦禅先生平日里的画风迥然不同，但从牡丹的造型及枝叶上还是能明显看出自己的特点。这源自白石老人的教导"学我者生，似我者死"，不能死学死临，只有体会要义而结合自己所长，学习才能青出于蓝而胜于蓝。

新罗山人即为华喦，人们习惯称其"华新罗"。华喦（1682—1756年），字秋岳，原字德嵩，号新罗山人，又号白沙道人，东元

《蝴蝶牡丹约》20世纪50年代末

生，福建上杭（诸书作临汀人，兹从离垢集）人。初寓杭州，后客维扬最久，晚归西湖卒于家。善人物、山水、花鸟、草虫，脱去时习，力追古法。写动物尤佳。笔意纵逸骀宕，粉碎虚空，种种神趣，无不标新立异，机趣天然，直可并驾恽寿平，书法锺繇、虞世南、工诗。有"三绝"之称。著《离垢集》《解弢馆诗集》。卒年八十一以上。

苦禅先生常以徐渭、八大山人为范本，偶尔在画中也因画蕉叶而追徐渭、因写竹而吸纳郑板桥，仿华嵒的风格作画者甚少，画中所题"新罗山人有此高致意也"，显示出他对华嵒的欣赏。

五、水墨《睡莲》

苦禅先生最爱画墨荷。此幅作品别有意境，为墨荷题材之精品，笔墨酣畅，一气呵成。六朵荷花掩浮于墨叶之间，以泼墨、浓淡墨相间地作荷叶，大有"荷烟朦胧"的自然氛围，更有淋漓舒畅的"水墨洇晕"之趣。荷与叶之间并无常见的挺拔荷梗，却杂以浓墨水草，以俏式、潇洒的成组弧线破解与归拢，巧妙之至。荷叶铺陈的形状与组合是靠灵动潇洒的水草分割的，特别是右下侧的花瓣与水草，空白处与墨荷叶之间关系的表达非圣手而不可达也，故此幅作品不仅突显出苦禅先生对水墨高超的把控能力，更达到了水面荷塘的特殊意境。

苦禅先生很喜欢文艺复兴时期及印象派画家的作品，空闲时经常仔细研究鲁本斯、伦勃朗、莫奈、马奈等画家的作品，在他脑中的"库存"里不乏世界名作的记忆。了解到他这方面的修养，就会不禁联想到这幅作品当称之为中国水墨之《睡莲》。莫奈的《睡莲》表现的是光影中自然界的美妙，而苦禅先生的睡莲是蕴藉

《墨荷图》 1959年

于胸中，以水墨完成的意象，表现的是作者的人文修养。

六、笔墨趣韵

在《双鱼八哥雄鹰图卷》中，苦禅先生题写的内容是谈笔墨的："写意画是中国画之一种，亦属高度画法，不论花鸟鱼虫，笔墨为其服务，无笔墨便不能创造提高，笔墨是最重要者，不可或常视之，否则非匠气即狼藉，不可观且不能传世。笔墨亦色彩之总合，所以墨分五彩是也。研求国画者（再）三复斯言。叙画法，苦禅记。"

古代画论中谈笔墨的内容，已经达到非常成熟的程度，尤其在徐渭、八大山人、石涛之后，以纯墨来表现已成为文人画大家所追求的境界。苦禅先生的画多以墨色为主，即使画了山石、荷叶、芭蕉叶、牡丹、蜀葵、藤萝等需着色时，也是非常简练、单纯的，在这点上既不同于吴昌硕以复色渲染的浓厚，也不同于白石老人自制土色的朴拙。无论画苍鹰、鹭鸶、八哥还是鸡鸭，苦禅先生使

《双鱼八哥雄鹰图卷》 1973年

用娴熟的墨色表现手法塑造其动态和结构，若画面需要，他会勾勒一只白色的禽鸟间立其中，以拉大黑、白、灰的距离而使画面更为生动。

苦禅先生在谈笔墨的使用时也常以笔记体行文，《双鱼逸品》中题道："买新纸归来，试之饶有味道。墨以韵出，笔以趣成，方为有趣之构图，戊戌夏月以记自习之经过也。""韵出"与"趣成"不但是画家创作水平高下和修养深浅的体现，同时也是古代诗词大家作品的特质，没有韵味和趣味的作品难以传世。在这段题字的最后他总结道："鱼形体最难捉摸，通身活泼方可养功。"能达到"通身活泼"，即达到和显示出一定的功力。

苦禅先生平生常用元书纸练习书法，遇有纸性棉者也以之作画。《双鱼逸品》颇有特殊的墨韵笔趣，小而饱满，满而不塞，笔走龙蛇，墨湿犹沈，令通幅充溢酣畅灵动之气，是书画合璧道法自然的一件小品佳作。

七、水仙韵律

韵律指诗词中的平仄格式和押韵的规则，我们可以将其理解为文学形式的一种"规矩"，比如人们常说的"这首诗平仄上有欠缺"就是指平声和仄声使用不当。将韵律一词"大而扩之"，也可理解为艺术创作中有动势且有规律的一种表现形式，而这种形式中必然也蕴含着美的哲理。

苦禅先生说庙堂艺人都有"粉本",也就是前辈传授下来的"样子"。吴道子所作白描即为后人用的"粉本",也就是白描的稿子而已。

艺人在庙墙上勾勒云头、水纹,技法娴熟,苦禅先生最羡慕的是艺人能一笔画出一个正圆,或是佛光,或是月亮:"不借助任何工具就能画得那么圆,这得下多大的功夫啊?"

这张水仙画稿纸张虽已残破,风格却独树一帜,再无与此稿相类似的练习,水仙叶长茂盛,分批成组,繁而不乱,颇富韵律,超出了一般"画稿"的意义。从线条的动势和朴拙之感,可以感

《双鱼逸品》20世纪60年代初

受到吴道子的风韵和壁画中力士神仙的气度。令人叹服的是右上一丛水仙的倒挂与下面上升的叶梗相交的处理，杂而不乱，密而透气，衬出水仙主体从左向右旋转的动势。这种"正面交锋"的组合，若心中无"演阵之法"，就会画"乱"。为什么这三组水仙的穿插有密度而不杂乱呢？这是因为他在画画时经常使用京戏里的"锣鼓经"，所以"心里有数"。不要轻看了这种修养，因为京戏里的乐队，特别是打鼓佬，把握着总体的节奏，尤其在武打戏中，场面上打的要与演员完全契合，特别是如《挑滑车》中的"走马锣鼓"，还有女将与四个敌兵踢枪，锣鼓点绝对是要配合好的。

《水仙》

这三组水仙的穿插，苦禅先生是以"锣鼓经"的规律来处理的，不起稿而能达到繁而不紧、杂而不乱的效果。

这幅画稿动静相宜，让观者品味出凌波仙子的优美。具象地看，这是一片丰茂的水仙；截出局部来看，这就是很有现代形式感的线条构成。

八、观画读诗

在画上题诗，苦禅先生似乎更善于用直白的四言诗经体。他在这幅《松鹰》中题道："有鹫有鹫，在山之阿，白云笼之，古松处之。癸丑夏月，苦禅写。"这是沿袭《诗经》中复沓的语式，"有鹫有鹫"使人联想到"采薇采薇""硕鼠硕鼠"，因而读起来显得很古朴。这只鹫在什么环境呢？"山之阿"，"阿"有两个读音，读ē时有三个字义，其中有大的丘陵或山的弯曲处的意思。这幅画颇有古风：苍鹰在一块巨石上，这巨石或为丘陵之高处，或为转角之险处，周边白云围绕，古松相伴，这是令人惊叹的高险之地，也是作者为雄鹰设计的腾飞之处。

《红梅竹石图》的题字为："红梅老花诗，石古生青苔。碧竹清潇洒，为结寒盟来。苦禅七十四岁，作于国宾馆楼下并题记。"这幅画中的红梅显纤瘦，远近两组疏竹营造出前后空间，为使画面有平衡感，梅花老干斜出画面，苍石在右下方呈横式空间，以花青竹竿与上面的竹影气脉相连。此画的主题是"为结寒盟来"，所以青苔已不湛绿，俱俯依于石上，呈老态。这是应邀为国宾馆所作之画，在那里看画的人大约都是各国政要，选什么题材呢？这就是周总理组织画"宾馆画"的初衷之一，要画能代表中国文化的题材，要画容易被外国友人理解的题材。对松、竹、梅、兰，我

《松鹰》1973年

《红梅竹石图》1973年

们自古就视为清白高雅、正直挺拔的象征，将其比喻为君子。把红梅、古石、碧竹拟人化，"咱们都不惧严寒，为了度过这寒冬结个盟吧！"最后一句"为结寒盟来"，引发观者的呼应。

《蕉叶栖鸭》作于1980年，与上两幅相同的是画作完成后，信手题写四句诗："有鸭有鸭，籍叶为家。昼则游江河，宿则食鱼虾。兴来高声鸣，呱呱呱呱。北戴河避暑戏写，八三叟苦禅。"

这诗译成白话即是：

> 有只鸭啊有只鸭，
> 借个芭蕉叶就当成了自己的家。
> 白天到江河去游水，
> 晚上美美地吃鱼虾。
> 高兴时我就大声唱，
> 可惜就会呱呱呱。

此时，观者一定会感到苦禅先生画这张画的时候心境非常轻松，完全沉浸在"知鸭之乐"和"与鸭同乐"的心态中，诗和画里洋溢着他对这只鸭子自由的生存状态的欣赏！

细读苦禅先生的题诗，不难看出他在古诗文方面的修养，同时也能体会到他内心世界的追求和对人生在世的体验。其实这三张画的内容都是常画的，但由于所题诗句，为画作大大增添了情趣，达到了诗中有画、画中有诗、相得益彰的效果。

九、赠花情深

苦禅先生与白石老人在画面题诗或题句的风格大不相同，白石老人早期的诗读起来很有温文尔雅的气脉，遣词造句很规范，

《蕉叶栖鸭》1980 年

晚年虽有较大改变，仍不失胡沁园等前辈的教诲之风。苦禅先生则不然，题画诗句庞庞然、拙拙然，很随性。

《芍药花》是一帧极简的小品，生机勃勃的两枝芍药既无蜂蝶相伴，也无飞鸟穿插，红花墨叶，顾盼相依，上实下虚，洗练不俗。谁知苦禅先生竟会在右上题道："赠芍药非相谑。八四叟苦禅。"赠，是很庄重的意思；谑，是开玩笑的意思；用现在的话说："我很真诚地送您开得正好的两支芍药花，可不是跟您开玩笑呢！"这言简意赅的六个字一下子就将一个虚拟的戏剧情节提升为令人联想浮翩的场景了。虚拟的两个人物都不在画内，可以让观者产生多种联想，是"窈窕淑女，君子好逑"？赠花，往往是男女示爱的表达，但是苦禅先生这句话中的"非相谑"三个字主要表达的是诚恳之意，并非强调与被接受人之间的关系。内心的真诚似乎含有"我这画可是送你的，没想跟你要钱"的戏谑，这也是戏曲舞台上常用的手法"抓哏"。"抓

《芍药花》1981 年

哏"和相声里的"现挂"有异曲同工之妙，也是传统艺术表演中常用的。苦禅先生酷爱曲艺，他经常把生活中的情景和舞台上的情境贯穿起来，这也是他的画对一些传统文化修养匮乏的人来说不太好深入理解的原因。

十、君子之风

朱熹说过：赋者，直接抒情；比者，借物言志；兴者，托物兴辞。赋、比、兴的手法始终在艺术发展中起着重要的作用，成为诗词歌赋的创作方法，直到清末民初不乏大家，如夏承焘先生（1900-1986年）。松、竹、梅、兰、菊早就成为传统文人赋、比、兴的重要载体，古人之所以为我们留下以它们为主题的作品，皆因传统美德教诲之故。

苦禅先生性格豪爽，淳朴敦厚，字如其人，画如其人，他笔下的梅花和兰花极具个性。这幅梅花的题词实为常用之句，其画却别有风格。极简的构图表达出在寒风中凌立的枝杈，一改平日古拙的用笔，以示忆梅、思梅、爱梅之情思。

苦禅先生常写兰，并吸纳不少前人的经验，这幅给李琳的兰花题字即可认为是一段画兰之法的简论："李晴江写兰每以乱以战为尚，为写兰创新格，兹师其法。琳女陈座侧以习其性。乃父禅。"这幅兰花显示出苦禅先生在用笔上追求的新风格。依"画外又画"之意，兰花斜式入场，花梗用笔颇有弹性，即题字中之"以乱以战为尚"的尝试，若无书法功底，即使想"乱"想"战"也无能为力，达不到如此效果。

1980年创作的《两叶一枝》中两片兰叶上扬下垂均取断式，并非一笔下来，由于气连，观者只感到兰叶上翘与下垂之力，并非折了，这是脱离自然形态，表达作者胸意的手法；此时已达大写意的境界，兰花的花瓣本应垂下，但此处均取上势，形成了构图上的矛盾，使画面生动活泼。

繁易，简难。苦禅先生的这两幅精品一改雄强之势，以极简括、极松弛的手法完成，犹如一首西乐中的小夜曲，或是宋词中的一首小令。

十一、鸟有礼仪

《双鸠图》是苦禅先生在桂林拍《苦禅写意》电影教学

《红梅》1942年

《兰花》

片时画的，画中题字内容为"周诗有雎鸠鸟者鸣声关关，雌雄相逑。盖古代喻男女之匹配，亦有礼仪之行也"。这段文字是对画面上那一对求偶的雎鸠正在举行的"求婚仪式"的注解。斑鸠求偶时，雄方往往拉开间距，而后朝向雌方，一步一点头地前行，口中发"关关"之声，颇似以行礼的方式表达爱意。如果雌方不允相近，则雄方退后至起点重来，依然以一步一点头的"行礼"方式趋前求爱，直到雌方应允后并翅而处，饶有意趣。雄鸟此举颇有君子风范，大有"非礼勿言，非礼勿动"

《两叶一枝》1980年

的意思，雌鸟只要不飞走，这段"婚姻"就不会黄了，故而苦禅先生特题："盖古代喻男女之匹配，亦有礼仪之行也。"画面上的雌鸟已含羞地低下了头，同意了！

中华文化有"天人合一"的观念，十分注重"天造"的一切，包括各种禽鸟。挑选出符合社会发展需要的，就变成了我们应遵循的"礼"，《双鸠图》的意义即在于此。鸟儿尚且可以做到的事情，人为何做不到呢？画面中拟人化的表现生动至极，这是苦禅先生的优势——生动鲜活。

《双鸠图》1981年

十二、学会识人

苦禅先生爱憎分明，虽未在官场混迹，却也深知其中之玄机：第一，他读过若干传统书籍，包括野史轶文；第二，他始终处于社会底层，没有"入流"，非官非商，也没处在任何圈子里，所以心态很客观。再加上人生如戏的直觉，使他有超然世外的可能。苦禅先生曾经在送出某位领导人之后，问："他是哪个局的局长？"苦禅先生这种心态自然掌握不了官场上的技巧，但他不是不懂，只是没有照着这种规则生活罢了，我们看完《鲢鱼图》这张画就明白了。

《鲢鱼图》的题字讲的是一则寓言故事：

　　古书记载曾有一则，有友人为官，行将行钱，嘱友人曰："将至郡十里而来迎者鲢鱼也，近里许而迎者鲇鱼也，其味薄而肉厚。"盖喻友先迎者小人奸小之流,而后迎者君子也,可接近与用之。

　　此幅当赠友之坐官行政者,预祝其多先考虑行政耳。
八五老人苦禅题识之。

　　"将至郡十里而来迎者鲢鱼也",在此鲢鱼为奸小的代表,早早地、远远地就来迎接上司了。而"近里许而迎者底鱼也",底鱼是憨厚实在的君子,并说"其味薄而肉厚",这段文字是警示当官者应如何识人,以迎上司的态度来分辨和识别下级官员的各种心态和作风。这段文字含义深刻,读后令人清醒。如此深刻的内容,苦禅先生却只在画面上画了一条向前游动的鱼,没有画两条鱼,并且分出前后次序告诉大家哪个是鲢鱼哪个是底鱼,那样就成了

《鲢鱼图》1982 年

文字的图解了。他是先画了鱼，再题上这段思考，完成了一幅有趣且有深度的作品。

苦禅先生只画一条鱼的作品很多，然而题画的文字内容却很丰富，如果只看画面，不理解文字，那就白看了，也体会不出苦禅先生作品的意义了。

十三、鲶蟹之争

古有鹬蚌相争的历史寓言故事，出自《战国策》，比喻双方相互争执，让第三者得利。

鹬蚌各自利用自己的优势，互不相让，最终让渔人得利了。苦禅先生的这幅《鲶蟹之争》亦采用寓言的体裁，讲的则是另一番道理：

> 鲶鱼在水中正游行，二支蟹挡住去路，鲶曰：我乃鲶鱼也。蟹曰：鲶只是鱼类。即有敌对之嫌疑耳。于是蟹呈起坚甲势相动武，鲶不得已以圆滑手段迎之，往来十数回合，平势力敌，各不相下。有名氏评曰：坚甲者恃其刚，圆柔者仗其狡滑，是以各不相下也。余曰唯唯，为之记。岁在庚申秋月戏作以解无聊赖耳。老苦。

对照画面，我们似乎可以视苦禅先生的这段文字为一个短短的京戏本子。三个"精怪"，鲶鱼为一方，姑且称它为"鲶精"，两只蟹为一方，姑且称它为"蟹将"。如侯宝林的相声《关公战秦琼》，各自报名，鲶曰："我乃鲶鱼也！"谁知二蟹并不买账，大唱道："你只要是鱼就应该是我的对头！"于是"呈起坚甲势相动武"，此时鲶鱼不得不以自己的圆滑手段迎战。且看下句行文"往来数十回合"，读到此处，观者似乎能感到苦禅先生心里是打着他熟悉的锣鼓经的,双方一来一往,各使绝技"往来十数回合,平势力敌,各不相下"——打了个平手。写到此处,苦禅先生笔锋一转"有名士评曰",评的道理让人恍然大悟,蟹凭的是坚甲,是刚;鲶凭的是狡猾,是柔,蟹和鲶各自都没有战胜对方的绝对优势,所以"各不相下"。如果按照《西游记》的写法,某一方就会寻求外力助战,但苦禅先生写到此处戛然而止!以"余曰唯唯",我知道了,明白了!明白什么呢?在势均力敌的情况下,强求胜利是不可能的。苦禅先生以十分诚恳的态度写下"为之记",其实编故事的是他,画蟹、画鲶的是他,他把自己的思考以"有名氏曰"点出来,并"为之记",这种类似《阅微草堂笔记》式的文风早在文坛淡之又淡了。然而苦禅先生能以高妙的构思,以大气的书法,以生动的笔墨呈现出鲶的圆柔狡猾和蟹的坚甲战斗的姿态,完全成了他脑中所思、心中所想的"故事",或者说是短小精悍的"武戏"。

《鲶鱼双蟹》 1980 年

这是苦禅先生十分重要的一件代表作，是对白石老人之后当代大写意画的推进。

十四、画中有戏

《松石群鹰》的画面构图来自京戏舞台上定格的一瞬间，左边一只鹰，右边四只鹰，以中线分割。左边松枝与单鹰组合和右边四只站成一排的鹰达到画面的均衡。从画的角度来看，不会觉出什么奇特，这是因为大多数人不了解苦禅先生作画时的心态，更不了解他作画时的兴奋点。他的"手眼身法步"是高度统一的，即创作题材、形象、构图等的构思，和组合后定格效果的设计，几乎是同步进行并且一气呵成的。这张画的生动源于京剧舞台上的武戏常有的一组程式：一位大将对打四位战将，走几个来回，最后或是四将败下，或是大将被擒。这张画的"秘密"，是从鹰的眼神中看出来的，"一对四"，左边的单鹰不是"自家首领"就是"敌方大将"，否则右边的四只鹰不会站成一排，眼神聚焦于左边的那只拟人化的鹰。戏曲的节奏和情节的亮点是促成苦禅先生作品生动有趣的一个重要原因。

"说部"是现代人很少用到的名词，指旧小说以及关于轶闻琐事之类的著作。苦禅先生收集的旧资料、书刊、典籍等，归属于"说部"类的非常多，画上的题字他会常以"说部云"二字起，继而续写内容。这种表达寥寥数语，简洁舒朗，并且使要说的话有了"依据"。当然，如果以"听说"或"据记载"也无不可，但不如"说部"二字显得有历史感、有趣味。

这幅《石榴》是小品，石榴位于上部正中，呈下垂状，虽有左边上挺的枝干，右下仍需填补内容以使画面平衡。由于空间不大，

《松石群鹰》 1963年

《石榴》 1974年

字写得不能多,可是少了又没有起伏的意味,故而以两字为一行,从右向左推着写:"说部云,有安石榴者重约七八斤,食之延年寿。苦禅写。"小画大章法。一百○六岁的画家孙菊生先生说:"大家都知道苦禅是'画鹰的'，其实他的小品特别精。"

十五、大将站门

苦禅先生常讲："大写意花鸟是大自然的一部分，要让人觉得画外有画，方显大气。如果总是画里找画，便如俗话所说'罐儿里养龟——长不大'，很小气。清宫如意馆里的不少画就是这样的。"此幅《荷鹭图》即为画外有更大气场的作品。

苦禅先生钟情于京戏里的大武生和花脸，这两个行当多饰演洒脱磊落、率真威猛的舞台人物，具有阳刚之美。他常讲，这种人物一上台，一戳一站就得像样儿，要大气，不能小气。这幅画中的大鹭鸶就是他心中的一位将军、一位武士，凝眸沉思，仰天而视，两只长腿如戟如枪，直插于歪斜的老树干上，右上高擎的荷叶犹如大将出行时的云罗伞盖，平添了一番雄威之气。在它的前后左右分别以荷花、枝干，特别是脚下的苍老树干填补了空间，似这位威武将军武士的随从，形成了强有力的气场。将动物拟人化，并且为其设定有趣的情境，这是苦禅先生笔下禽鸟生动雄奇的秘诀。

《荷鹭图》1964 年

这幅画变化多端，层次丰富又不失完整。苦禅先生常以太极拳为例，他说，太极的所有动作都是在如行云流水的动态中达到动静的和谐与气息的通达。这幅《荷鹭图》就是苦禅先生的代表作之一。

十六、山水的风格

苦禅先生的山水画别具一格，他是以大写意花鸟画的创作理念和创作手法来画山水的，极少用平远、高远、深远的传统方法，加之学过西画，在表现山石的主体感和质感方面有他自己的方法。

台北故宫博物院原副院长李霖灿先生在《忆李苦禅在西湖》一文中写道：

> 大家都知道他的花鸟画精绝当世，却很少有人知道他的山水画亦复惊人，因为他很少有山水画遗留在人间，甚至于许多人根本不承认这项说法，认为李苦禅先生不能作山水画。这项说法是错误的，因为受过他的课，而且就是在课堂之上，他当着学生示范。记得是一张四尺见方的宣纸，他挥洒如意，写一道江上峭壁，墨色饱和氤氲，变化无端，只把我们这一班学生都看呆了。他一面讲一面画，一挥洒成后，精彩动人，张挂在黑板上时，大家都啧啧称奇。苦禅亦大为得意，说一经裱褙，黑色层次一定大增。
>
> 在我的印象里这幅画以墨韵胜，通体的感觉是杜工部的一句诗——"元气淋漓障犹湿"。难得的是水分饱和到这种程度而一切都还在控制之下，怪不得许多大师们都说：得笔法易，得墨法难，得水法尤难。苦禅师不但

《山水风格》20世纪50年代

巧得水法，而且层次分明，很像是淡墨无限，色泽如新，怪不得人说墨分五彩了。

　　记得清清楚楚的是：一幅画成，大家啧啧激赏，苦禅师也十分得意，密密麻麻地在画面上还题了不少字。记得开头是说，余性偏急，不耐作山水，偶而写此，亦别有意趣……

　　李霖灿先生回顾的场景是八十多年前的了，虽然我们没有看到他所描述的那张画，但仔细阅读这段文字，也能体会到苦禅先生当时作画的情景和效果。

　　在赏析苦禅先生的这些作品时，我们能感觉到，基础的雄厚是专业提高、发展和突破的"根"。现在我们常用"夯实"这个词来表达必须要打好基础的意思，遗憾的是因为各种原因，无论是成人还是尚处在学习阶段的青少年，"基础"都难以做到"夯实"，更难以做到"博大"。回望《百年巨匠》中诸位前辈，我们是否应该有所反思呢？

第七章 众人眼中的苦禅先生

口碑是百姓最认可的评价方式。李苦禅出身底层,性格豪爽,没有架子,坦诚热情,急危救困,广泛地和群众交朋友,尊重、爱护身边的友人、学生,能不获得人们的赞许吗?他们的口碑生动地塑造了李苦禅的形象。

文史资料的编选有"三亲"的原则,即亲历、亲闻、亲见。为了更加全面地呈现苦禅先生的为人和教学之道,特精选出部分师友对苦禅先生的点滴回忆,亦可从中弥补前文所述之不足。

杨先让(中央美术学院教授,1952年毕业于中央美术学院绘画系):

苦禅先生是我最尊重的教授之一,他从来都平易近人,和蔼可亲。他是真正的学者,中央美术学院有那么多教授,有几个像苦禅先生那样教学生的?他教学时完全不保守,一边说一边画,毫无保留,画完以后便送给学生,真是把自己的心都掏出来了。

苦禅先生上课时讲中国的绘画、戏曲、诗词,讲中国的历史,内容远远超出了花鸟课所规定的范畴,没有一个教授是这样讲课的,我觉得他的教学方法应该大力提倡。

1958年,李苦禅给埃及学生上课

20世纪60年代，李苦禅与他的学生们，后站立者：龚继先、詹庚西等

蒋正鸿（清华大学美术学院教授，1960于毕业于中央美术学院）：

现在的美术界有几个像苦禅先生这样认真继承传统的人？我们应该把他的艺术传承下来，哪怕继承一部分也是好的。

他的画好，就好在跟别人不一样，任意挥洒；现在好多人作画时都拘束在形象上，苦禅先生不是，他不会被这些束缚。虽然他也画素描，但一旦画起来，他根本不受那些条条框框的约束，我们现在应该学的就是这个。

周志龙（广西艺术学院、中国戏曲学院教授，1964年毕业于中央美术学院）：

上苦禅先生的课是最高兴的、最过瘾的，有的同学老早就备好了纸，苦禅先生一来，就把纸铺好了，戏称"恭笔写意"，我上

20世纪60年代，李苦禅在煤渣胡同的美院宿舍和他的学生们在一起

学时学的是山水，但我一直是苦禅先生的忠实弟子，他有童心，表现在对生命的热爱，对生活、对艺术的专注。专注主要来源于观察，你看他的画，有各种各样的禽鸟，这些其实都来自观察。

庄寿红（清华大学美术学院教授，1964年毕业于中央美术学院）：

苦禅先生的书法非常好，是其他画家没法比的。绘画需要一种传承，你看苦禅先生画的鹰和荷叶，他不仅有传统国画技法，而且还融入了西画的技法，而且他是把西画的技法自然而然地糅进了中国画里，不露痕迹。

傅以新（中央民族大学艺术研究所教授，1966年毕业于中央美术学院）：

20世纪60年代初期，中央美术学院岁数大的老师还有很多，但唯有苦禅先生被大家称为"老"，都称他"苦老"。为什么？就因为苦老身上体现出中华民族最传统、最淳朴、最真挚的品德。他对人，包括对学生、对师长，总是那么礼敬、关爱、坦诚，这是一般人比不了的。

20世纪50年代末，他画了一张《荷花翠鸟》，在北京展出时获得了一等奖。有一个观众非要请他说自己是如何构思的："你的思想有什么变化？怎么构思出这么一个生动的鸟的造型？"他的回答很简单："没什么根据，我感觉这个美，我就这么画。"这就是

20世纪60年代初，李苦禅给学生们讲课，他边讲边画，毫无保留地教给学生

20 世纪 60 年代初,李苦禅在煤渣胡同的美院宿舍和他的学生们在一起

大写意的特色,大写意是人品与心境的流露,一件作品的好与坏,不是只看笔墨,而是看作者自己感动的程度,是看观众能不能通过画面来揣摩作者的品格、学问、修养以及他当时的情绪。苦老说:"一幅画打动你了,那就是好画;如果你看了不感动,没有任何感想,那就不是好画。"

吴丽珠(国家一级美术师,1964 年毕业于中央美术学院):

苦禅先生讲课的时候,油画系、版画系的同学都削尖了脑袋要旁听他的课,围得里三层外三层的,为什么呢?因为苦禅先生讲课的时候,和大家是那么亲切,他真是手把手地教你,学生听了,收获非常大。

王鸿勋（20 世纪 60 年代初始师从李苦禅，曾就职于中国美术馆、荣宝斋）：

1961 年某个周末的早上，东城区煤渣胡同 9 号中央美院宿舍，一个陌生的"红领巾"，也就是我，悄悄地走进院里，问正在晨练的一位老人："老大爷，请问李苦禅先生住哪屋？""你找他有什么事？"老人反问。"我很喜欢他的画，学着画了几遍，想请他给指点指点。""我看看行吗？"老人随意地说："你跟我来。"走进堂屋，左边门里一张铺着毡子的画案上笔墨纸砚一应俱全，等老人绕过画案准备坐下来的时候，背后墙面一幅水墨淋漓的画映入我的眼帘，特别是落款中的"苦禅"二字，那么突出。当时我兴奋得回不过味来……就这样，我稀里糊涂地走近了仰慕已久的大画

1961 年秋，在煤渣胡同美院宿舍的李苦禅（坐者）与学生王振中、詹庚西、龚继先、苏友中（从左至右）作示范

家，就这么登堂入室，迈出了拜师学艺的第一步。

李春海（北京林业大学教授，1966年毕业于中央美术学院）：

苦禅先生给我们讲了一段时间的写意花鸟画。他所说的"写意"，实际上是"传神写意"，传神在前头；把线条用到最少，笔墨用到最少，却又传神，而且传得那么准确。

天才和一般人是不一样的，苦禅先生有很强的人性；人性不光是悟性，还要有情，首先得是一个有情有义的人，才能够对所画的东西也有情有义。他的绘画过程是以高昂的激情与快感，在忘我的状态中进行表述，旁人看了也是那么激动。他的作品传达的神和意境，达到让人十分感动的地步，这就是天才。

刘龙庭（中央美术学院美术史研究生毕业，中国美术出版总社编审）：

苦禅先生的画就是写出来的，他认为"书至画为高度，画至书为极则"，所以一般画家很难和大画家相比。他不但说要把字写得好看，还要把书法用到画里。赵孟頫说："石如飞白木如籀，写竹还须八法通。若也有人能会此，应知书画本来同。"讲的也是这个意思。想把中国画画好，这是一辈子的功夫。

有人画画怕干扰，但是苦禅先生不在乎；在对待学生方面他是有教无类，谁来都行，他一律都教。

刘曦林（中央美术学院美术史研究生毕业，中国美术馆研究员）：

中国的知识分子应该叫"士阶层"，这个"士"指儒家读书人，读《四书五经》，通过科举入"仕"，就当了官了。

因此，知识分子有"两面性"，一方面要科举入仕，一方面又对社会不满，要发泄、要反抗。过去批判文人画，我们只认识到它逍遥的、隐逸的这一面，没有看到它反抗的一面。

如果李苦禅和齐白石有什么不同的话，那就是苦禅先生又把传统文人，即中国古代哲学里边的庄子的思想、《易经》的思想钩沉出来，把文人画里边的精华又恢复了一部分，把文人的骨气、文人反抗的那一面提升了，所以晚年他画出了巨幅的《劲节图》。

我的老师张茂才跟苦禅先生的关系特别好。苦禅先生给张茂才回的一封长信在同学王广才手里。苦老，他在信的最后谈到，西方是注重物质文明的，中国人是讲"心"的，甚至于讲"唯心"的。在信里他还嘱咐张茂才，这些话你不要对外讲，咱们只在信上讲讲。中国是讲"心学"的，王阳明就倡导"心学"，在"文革"前的哲学、美学里，唯心主义是受到批判的，所以有些话苦禅先生是不敢公开讲的，只能在给朋友的信里悄悄说一说。

陈雄立（李苦禅先生的弟子，专攻写意花鸟，兼及山水人物）：

苦禅先生说自己的画"不知道从哪儿开始，不知道到哪儿结

1978年，李苦禅演示水禽画法（右四是杭州国立艺专时的学生吴冠中先生）

1968年在煤渣胡同李苦禅与弟子谷谿、李世霖、张如意、萧润德、生存义（从左至右）合影

束"，他想画什么就画什么。要想达到天人合一，就必须精炼到自然而然的程度，这需要花费很大的精力，也可以说是用整个生命去做。苦禅先生不但把艺术当成生命，也把他的艺术哲学当成他的生活。

生存义（李苦禅先生的弟子，中国书法家协会会员）：

我十几岁就跟着苦禅先生学画，每次去学画，先生就会给示范一张。他不是有意识地给你定出课来，他的教学是非常自然的。每次去，他都是先看我的画，然后耐心地讲哪儿不对、哪儿不好，并加以修改，然后进行示范，他的画稿没有重样的。

苦禅先生为人非常随和，他给我们讲的道理受用一辈子。先生说"奇怪"二字，画儿可"奇"不可"怪"，画得可以出奇、很奇，但不可怪。什么叫怪？没道理就叫怪。他还说画画要注意科学性。对先生画的鹰，有些人就不理解，说这嘴不是鹰的嘴，怎么是大方嘴？鹰爪子也是，说爪子应该是勾的，不能是直的。但先生自有他的道理。他说鹰站在石头上，是鹰爪子坚硬啊还是石头坚硬啊？鹰爪子勾勾着，好像能把石头抓出四个窟窿眼，能吗？不能，显然是石头硬。为了显示出石头的硬，鹰爪子就直了，这就是画理。

朱祖荫（李苦禅先生的学生，高级工艺美术师）：

我跟恩师交往将近二十五年，苦禅先生非常朴实、真诚、善良。谁有什么困难，他都会解囊相助。

苦禅先生的记忆力特别好，我跟他介绍了家里的情况后，他全都记住了，以后谈家常时，就没有问过第二次。记忆力好对画

1980年春节侯宝林（右三）给李苦禅拜年，恰遇多位学生，气氛十分欢快

画非常有利，可以牢牢地记住事物的形体结构，准确地描绘出来。他喜欢武术，也练武术，按说习武健壮之人似乎都有点脾气，但是我从没见他发过脾气。

齐良已先生说："李先生下笔跟小刀子一样。"当时我并不理解，怎么像小刀子了？后来才悟出来，说的是他下笔非常利落。

我问苦禅先生，"您老画也不重样？"先生说："我画一百张也不重样。"他说自己可以从四面八方构图，从四面八方画，这表明他的功底非常深厚。像这样具有高超技能的画家，今天找不出几个了。陈半丁先生就跟我说："李先生的绘画功底非常深。"

崔瑞鹿（李苦禅先生的学生，擅长写意花鸟）：

1960年我上初三，有一天到王府井的和平画店，许麟庐经理告诉我："你看那儿，秃顶的人就是李苦禅。""那是李苦禅先生

1980年，李苦禅先生与中央美院中国画系研究生班的学生们

啊！"从此我就认识苦禅先生了。当时得知他住在煤渣胡同的中央美院宿舍，我拿着画就找过去了。苦禅先生问："这是你的画？"我说"是"，他看完之后，给我这三张画都题了字。一张是鲶鱼，他题的是"先师白石就画鲶鱼"；他说"八大山人画鲶鱼画得好"，说我是"仿白石先生，尚佳，勉之勉之"。还有一张画的是翠鸟，他题的是"如此求稳正，习作即是确实技法"。还有一张芭蕉鱼鹰，他题的是"意在笔先，无意其非笔墨矣"。我这么一小孩，六十岁的老先生竟给我题了三张画，还是头一次见面，我连想都不敢想。

白石老人生前用得比较多的是"汪六吉"宣纸，苦禅先生则是有什么纸就用什么纸，全能画。我见过他在白报纸上画画，居然在笔与笔之间，仍能像宣纸那样有浓淡墨色之分，连笔痕都有，这得多熟练才能达到这个程度啊！我自己也试过，不成，太难了。

康宁（李苦禅先生的学生，画家）：

苦禅先生讲，用墨就是"惜墨如金"啊。他一再跟我说，要多画写生，多画速写，一定要写字，他非常强调写字。

苦禅先生教学的时候常常是边讲边画，你哪点不明白就提出来，一边讲一边画，现在遇不到这样的老师了。一次浙江美术学院毕业的学生到北京见到苦禅先生画画了，方才恍然大悟："大写意画原来是这么画的啊！"还有学生见到苦禅先生，鞠个躬说："苦老您给我看看画。"他是来者不拒。

黄胄先生在水墨的运用上受苦禅先生的影响太大了，线条更不用说。黄胄先生老说："不用跟苦老比了。"他没法跟苦禅先生那种中锋用笔、侧锋用笔、逆锋用笔相比，没用过那份功！黄胄先生是画西画的，一开始就是速写加点颜色就完事。但是他画的

1980年12月，李苦禅为香港中文大学艺术系学生讲学并示范技巧（李燕摄）

驴和骆驼，他的用墨都是看了苦禅先生画荷花以后才把笔墨用到驴身上的，所以那个驴、那个骆驼画得太好了。

平常看我们画画，苦禅先生总是表扬得多，批评得少，老说："对着呢，对着呢！"完了他再给你讲这笔应该怎么画，那笔应该怎么画。

他对学生好，中央美院的学生暑假寒假回家没有路费，都是他给的。山东有一位著名的山水画家张登堂，当年到北京见苦禅先生，苦禅先生一看这人衣衫褴褛，穷困潦倒，便把卖画的六十块钱分给张登堂一半，张登堂真是感激涕零。

有一次我在范曾家看见苦禅先生画的一张白鸭子，只几笔便勾出一只白鸭子，上边有一枝芙蓉花。那是精品，是绝品。上边题着："昨日见范曾有此稿，尚不误……还可以。"学生头天画的稿子他看着好，第二天自己也画一张，这种博大的胸襟谁也比不了。所以画家不仅师造化，人及事物皆可"为吾师"，这就是我看到的苦禅先生高尚的品德。

我跟别人说，模仿造假苦禅先生的鹰，不用打开仔细看，看纸的背面就知道哪个是假的了，他画的鹰有百斤重，造假的鹰就几两。

马玉琪（李苦禅先生的学生，京剧表演艺术家，收藏家）：

我和苦禅先生相识于20世纪70年代初，那时我在盘锦"五七"干校下放劳动，一次我在回盘锦之前去看他，苦禅先生说："现在老戏不能唱了。"我说："没戏唱我这个演小生的便没饭了，小生这行当儿恐怕也没了。"苦禅先生说："不能练功还不能喊嗓子啊？你可不能不练气，将来能唱的时候怎么办？"他又说："我教你一个方法，数葫芦。"把气吸足了，一个葫芦、两个葫芦、三个葫芦、四个葫芦，一口气往下数葫芦，数得越多越好，这样什么腔都可以应付下来。苦禅先生教我的这数葫芦的方法使我变相地恢复了练功，可以说是受益匪浅。

随后，他又跟我交流起演戏的经验。他说勾脸的武生和花脸的亮相，眼睛非得露白不可，亮相的时候眼睛要往上看，把眼白露出来，这样神气就足了。眼睛露白，神气就好，大家看苦禅先生画的鹭鸶和鹰，露白特别大，眼睛都是往上看，这样画，可能跟苦禅先生懂得京剧的亮相有关系。

我跟苦禅先生有一张照片，是"栽锤"的照片，我学的就是他的动作。再看他画的鹭鸶，抬着一条腿，身子弯曲着，抬着头，眼睛看着那边，就像台上的动作一样，他这样画就比其他画家画得有神气。

苦禅先生还跟我聊过一个故事，他说《艳阳楼》是武花脸的戏，不是武生的戏，当时俞菊笙的戏班里唱花脸的演员捣乱，要涨钱，开戏的时候他不来了。俞菊笙一赌气决定自己唱，由此武生多了一出戏。苦禅先生经常是边画画，边聊天，那种兴奋、高兴劲儿，这画儿能画不好吗？无论是在演出上还是画画上，我都从他那里学了很多东西。

朱鸿祥（1964年毕业于中央工艺美术学院，清华大学美术学院教授）：

我们看苦禅先生的画，首先看的不是造型，不是像不像，而是它的神气，"神"跟"气"。看苦禅先生的画，要一边看一边体会，一边看一边想。我的老师尚爱松先生是搞美术史、美术评论的，他对苦禅先生的评价相当高。他这样写道："鸿图腾虎豹，高邑定风雷，苦心传道义，立志对江山。"就是说苦禅先生的作品意境高远，气韵生动，雄浑大气。我非常有幸和苦禅先生保持通信，有好多封，他曾给我写过一张留条，贴在门上："鸿祥同志，我去学习，九点半左右回来，一刻晚会儿，苦禅留字。"他给学生写信时，有时候前边题"鸿祥弟入目"，后边呢？"愚兄禅"，他把学生看成了兄弟。他写信不是应付，真的能写三大篇，密密麻麻的，确实是太难得了。

朱绮（朱鸿祥的夫人、中央戏剧学院戏剧文学系教授）：

从事绘画的人都知道，现在中国画最薄弱的环节就是题画，作者常常是简单签个名盖个章就完了，书画并工、富丽呈现的局面已经很少见了。而苦禅先生曾在一幅画上画了一大块石头，石头上立着一只八哥，在石头上题了很多字，大大增加了画作的艺术张力。如果没有这些题字，光是一块石头一个八哥，读者就不知道它要表现什么，这样带着真感情的绘画和书写的作品才有鲜活的艺术生命力。

除此之外，苦禅先生花费大量时间去研读碑帖，去欣赏铜器上的图文，去研究金石拓本，然后把这些融为自己的东西，把这种金石味道融入自己的书画创作，实际上这也正是齐白石先生提倡的，金石艺术融入书画的精髓所在。

王超（1963年毕业于中央美术学院中国画系，长期从事美术教学）：

苦禅先生的教学首先以德为先，注重传授品德。他说"德，以爱国为第一"，这一点，他身体力行。可以讲，他是中华民族最有骨气的知识分子。

苦禅先生教学时很认真，他的教学方法属于最高层次的灵感教学，是即兴的，还边画边讲。

苦禅先生跟我讲，"屋漏痕"比"折钗股"高，因为屋漏痕才能入木三分，才能积点成线，才能产生深厚的东西，这里面有无穷的内涵，所以说"屋漏痕"也是颜真卿艺术最奥妙的东西。

苦禅先生的笔法，浩然正气。他有些东西是从宋元过来的，更多的是明清的笔墨，有逸韵，抒发心灵。他有好多东西值得学习，比如绵软里面有刚劲，这种修养很到位，没有火气，是书卷气，是逸韵。

苦禅先生给我写过一张字："画之前无论如何具体，但得一笔一笔做，否则一笔想成就极有失败之可能。因为想欲所做，非为装饰；想为概念性的，而做是技法，即多少笔墨方成就文人和酒后灵感而作，以得老手。"

苦禅先生跟学生的关系非常好，20世纪60年代，同学自发地给苦禅先生庆祝六十大寿，这是我们班发起的，这件事很快就反映到院领导那里，院领导又反映到文化部，一直反映到国务院。听说学生要给一个教授过生日，国务院马上派人送来礼品，从那以后，每逢重大节日，苦禅先生就可以登上天安门的观礼台了。

他对待同学如上宾，从来不正面说，而是用自己的行动来影响你。苦禅先生辞世的时候，我在他家里值班长达二十五天。李可染先生写了一副挽联，我还帮着去可染先生家取回来，挽联写的是"花香百代，艺薄昆崚"，特意用石青印泥盖的印章。

李竹涵（资深戏曲表演艺术家，喜画戏曲人物，深得李苦禅先生的赞誉）：

苦禅先生说，做事要勤快，勤快应该学蜜蜂，不要学蚂蚁。学艺术的人勤快固然很重要，但是要学蜜蜂的勤快，蜜蜂能够酿花成蜜，这是创造性的劳动，它的勤快是有创造性意义的。蚂蚁则不然，蚂蚁的搬运没有创造性。

苦禅先生的成长过程我无缘看到，我看到的是他成熟以后的点滴，一是以拳参画，一是以戏悟画。

苦禅先生跟我说过这么一句话，尚和玉先生（苦禅先生学戏的老师）教徒弟，马虎了不行。比如说打把子，脚底下一定要清楚，手里头一定要绵软，打把子的时候不能有棍棒气，打出来的绵软劲儿完全是腰上的劲儿，掌握纯熟之后，才能使好腰上的功夫，而且打的每个架势都有招，不能招式没完就过去了，草草了事过去不行，慢点也没关系，但是一定要清楚。

苦禅先生画画也受这个影响，练功不管快慢，他都交代得相当清楚，画画同样一丝不苟，笔笔见功。

笨也没关系，我当时就够笨的，但苦禅先生说"不怕笨，学艺就怕虚伪"。什么叫虚伪？虚伪就是自己糊弄自己。笨怎么办？

人一我十、人十我百、人百我千、人千我万，不断地重复，不断地练习，这样你才能得到一些东西。苦禅先生在写在画的时候，我是看一笔学一笔，不是像完成任务那样，而是认认真真地去研究。

苦禅先生说尚和玉先生走的完全是一般招数，不花哨，不热闹，很简单，但是由于老先生的功力到家，所以给人的感觉是怎么看怎么美。我看苦禅先生的画，也意识到这一点，简单的东西看着简单，就比如"九龙口"是演员初次亮相站在舞台上的最佳位置，但是怎么站、怎么达到最佳状态却不简单。看苦禅先生画的那只鸟，那只鹭鸶，就有数（shù）儿的几笔，都能数（shǔ）得出

李竹涵戏画《蒋干盗书》中之曹操（李苦禅题字）

来，但就是这几笔，你看吧，生动、不空，这里面有内涵、有味道，这简单的东西不简单。

苦禅先生让我看三本书，一是《书谱》，《书谱》是用书法的形式谈书法，要看；还有一本是《伤寒论》，《伤寒论》学文学的要学、学医的更要学，因为它文字写得好；再有一本是《史记》，《史记》是司马迁的不朽之作，学文学的要学，学史学的要学，这几本书都应该研究研究，看一看。

有一次我用小笔、用浓墨，写了一篇字给苦禅先生看，他一看不行，说："这种写法谁都会，砸不了也好不了，要用湿笔写干字，而不要用干笔写干字。要拿湿笔大胆地往纸上写，这才见功夫，你这是用的假劲儿。"后来，李燕给我补了几句："就是干笔写湿字，湿笔写干字，练好了可以在荷叶杆那儿有所表现。因为湿笔可以用淡墨一笔下来，它要这个摩擦力。干笔写湿字，你看齐白石先生画荷叶的时候是浓墨，可以说是干笔，但是下来的这一笔它是湿的，相当有生气，而不是死死板板的一块墨。"当然，他是转达苦禅先生的教诲。

苦禅先生还鼓励我作"戏画"，用写意技法画我熟悉的戏曲人物。第一幅是曹操，他看后很满意，立即在画上题字，鼓励我继续画下去。他说："你不要画我常画的花鸟，就画你最熟悉的戏曲人物，把速写过到宣纸上，这就是你的创作。"

谷豁（人民美术出版社编审，中国书法家协会会员，西泠印社社员）：

苦禅先生不仅是花鸟画巨匠，而且也是一位大书法家，书法与绘画有机融合，是中国写意画的主要表现形式。苦禅先生最早也因恩师齐白石的影响写李北海的字，后来又学黄道周的书法，中年时又喜欢沈曾植的字，到了晚年，则多临汉代和北魏时期的碑刻。苦禅先生对于书法用力极勤，临碑不辍。苦禅先生对古代碑刻的兴趣非常浓厚，收藏了历代很多碑刻，曾在北京画院举办过苦禅先生的碑帖收藏展，很多人都感到震惊，这么多金石拓本和学书手稿，足见他对书法的重视。

苦禅先生的画，题字的位置都非常讲究；采用的字体是他最擅长的草书，带有浓郁的章草味道。

苦禅先生的章草用笔显得更为厚重，强调草书的意味，更具有金石韵味。李可染先生曾说，在现代画家里，用笔过关的一个是黄宾虹，一个是齐白石，还有就是李苦禅先生和潘天寿先生，评价颇高。

苦禅先生对徐渭、黄道周等人的草书非常欣赏，对"二王"的书法也给予了充分肯定。有一次我去求教，看他正在临怀素的帖，虽然他喜欢碑学，但也不排斥帖学，对帖学也领会颇深，他写的一些书信和小手札，草书写得很潇洒。

李苦禅肖像（王为政作）

苦禅先生大半生都生活在清末民国时期，这时期正是碑学比较兴盛的时期，书法受碑学的影响比较大，所以他对汉代的碑刻情有独钟。作为一个成就很高的艺术家，他从多方面汲取营养，苦禅先生的这种学习方法值得我们借鉴。

王为政（北京画院一级美术师，1968年毕业于中央工艺美术学院）：

苦禅先生是我所敬仰的大师之一。

苦禅先生的肖像画是我在2009年完成的，酝酿的时间相当长，实际上我也是在完成一个夙愿。早在四十年前，我曾经当面写生过苦禅先生，那时候他刚从干校回来，中央美院留守处安排他看传达室。我说："苦老你坐在那儿，我给您画张像。"

熟悉的人都觉得苦禅先生的音容笑貌闭目如在眼前，但要把每个地方都画得很像，却不容易，尤其是他那个神。从精神境界上讲，我作为凡夫俗子很难达到他那个境界，这是第一大难处。第二大难处，从形象上来讲，他的形象很含蓄，不外露，不"过"，所有的地方都是"中庸"的，这你就很难把握了。画他不能"过"，一"过"就不像了，此即谓"过犹不及"。苦禅先生是一个大写的"人"，是一个坦诚的人，在创作这幅肖像画的同时，我还填了一首词，调寄《临江仙》："侠者襟怀豪者胆，兴来北腿南拳。山东好汉义当先。早生八百载，或许上梁山。智者功夫仁者眼，直将铁砚磨穿。苍鹰一搏九重天。谁云书画苦？笔墨可通禅。"

对他来说，爱国是第一位的，艺术是第二位的，首先是一位爱国志士，然后才是艺术家。所以我说"早生八百载，或许上梁山"。

齐白石先生经常画虾和草虫，我却从未见苦禅先生画过，蟹虽然画过一些，但是不多。我曾当面问他为什么？他回答得很直率："他的材料我没有，我的材料他没有。"这里所说的"材料"，指的就是日常生活中积累的创作素材。

这种"材料"是自己从生活当中来的，烂熟于胸，非画不可；只有自己最热爱的东西，最理解的东西，最具特色的东西，最不能割舍的东西，才有可能去打动别人。

苦禅先生画作的魅力，不在于娱人耳目而在于动人心魄、启人心智，所以我说"谁云书画苦？笔墨可通禅"。"禅"是什么？以我的理解，佛家所说的"禅"就是道家所说的"道"，就是哲学家所说的"规律"，世间万物的规律，天地造化的玄机，就是太史公司马迁所说的"究天人之际，通古今之变"，一种坦然面对世界、自由驾驭人生的至高境界。

肖像画展出之后，得到广大观众特别是美术界同仁和苦禅先生亲属的认可，大家竞相与画中的苦禅先生合影留念，不忍离去。至此，我才长长地舒了一口气，可以告慰苦禅先生的在天之灵了。

线天长（1953年中央美术学院雕塑系毕业，1955年中央美术学院雕塑系研究生毕业）：

中央美术学院有许多职工爱好京剧，在20世纪50年代初，工会成立了业余京剧团，经常可以听到大礼堂传出的锣鼓声。记得业余京剧团曾为全校师生演出《借东风》，其中赵云一角无人能演，唯苦禅先生堪当赵云一角。当天中央美院大礼堂人山人海，那时的文化生活很少，锣鼓一响，街坊四邻都来看戏。那次演出，是我们第一次看苦禅先生演武生，"起霸"的高难度动作，英武美感干净利索，掌声不断。

苦禅先生是画大写意的大师，他曾说"京剧就是大写意的艺术",先生举了许多例子……可惜,当时的我们一知半解。

中央美院每年都会组织一次新年联欢晚会,教职工和学生都积极筹备,热闹极了。新年联欢晚会中最活跃的是绘画系的同学,雕塑系就落后了。雕塑系究竟应该出什么节目,我们想不出什么好办法,有人提议,请李苦禅先生帮我们排演京剧。找到苦禅先生后,苦禅先生看我们几个人都很期待,便高兴地说:"文戏唱不了,排练武戏吧!"初步选了《三岔口》。他认真地给我们说戏,大体上我们知道了《三岔口》的故事情节和表演要领。苦禅先生告诉我们,大后天在前门鲜鱼口华乐戏院有名角演出的《三岔口》,你们去看看,我们五个人都去了。那天是张云溪、张春华演的《三岔口》,不看不知道,一看吓一跳,我们根本不行。武生、武丑那些高难度动作,我们根本做不了,回去以后我们直说:"演不了,演不了。"苦禅先生大笑说:"谁叫你们去模仿名角了?我是让你们去感悟总体的意蕴。只要抓着'摸黑'一场戏,并创造一些有趣的情节,让这场戏'趣味横生,抓着观众',也是可以成功的。"这回我们明白了个中用意。

看来苦禅先生对我们几个京剧外行,调理出一个说得过去的节目,已经成竹在胸。听了先生的开导,我们也信心倍增。我抓紧时间练习刘利华出场的"前空翻",刘志福练任堂惠出场时的"走边"。排演时,对苦禅先生增加的一些情节、动作,我们有时不太理解。先生说:"京戏是用虚拟的表演手法体现写意的艺术效果,不受时间和空间的限制……"每次练习,苦禅先生都在场,托着我们的腰,十分爱护我们。二十天后,苦禅先生对我们的表演表示认可,说准备"彩排"。

1954年中央美院的新年联欢晚会,《三岔口》的第一次演出,苦禅先生就坐在我们看得见的地方，让我们的心里踏实许多。结果没出什么笑话、没出什么失误，还听到了掌声。

此后不久，《三岔口》这个节目被中央美术学院推荐参加1954年2月14日的"北京市高等学校学生文艺演出会"，著名作家老舍先生也来了，对演出评价甚佳，说："中央美院表演的《三岔口》改编得好！简洁、生动，舞剧的趣味性强，很大众化。"

为此，苦禅先生煞费苦心，把我们几个京剧外行一点点地调教好，不断改编的情节、动作，只为让我们容易掌握。不久，学院通知《三岔口》获得了演出会的一等奖。

陈开民（1963年毕业于中央美术学院，中央美术学院非物质文化艺术研究中心研究员、教授）：

我是徐州人，1954年考上北京的中央美院附中，美院附中当时和中央美术学院在一块。我们到了美院附中，就天天在中央美

1982年，八旬高龄的李苦禅在家中热忱接待新疆的学生们

术学院的操场认教授；叶浅予先生穿着呢子大衣，围脖特别帅气；还有油画系的董希文先生等。我们看了半个月，就是找不着苦禅先生。到了十一二月，中央美术学院那时画模特要生炉子烧煤球，学院操场上就有河北来的摇煤球的。老师傅六十多岁，姓李。我们老家没有摇煤球的，我就过去看。有一天，我在食堂吃完饭路过版画系的走廊，看见一位五十多岁的人，他那个打扮，黑棉袄、黑棉裤，棉裤还是免裆裤，用带子一扎，画架子上摆了一只翅膀受伤的老鹰。他没戴帽子，胡茬子也几天没刮了，我就问："大叔您贵姓？"他说姓李。我以为这是摇煤球的老师傅，可是一看他画的鹰，还真好，我就问："你这鹰跟谁学的？"他还在那儿画，也不理我。那时我刚上美院附中，对中央美术学院所有的事物都特别关心，我想中央美术学院连摇煤球的都画得这么好，实在是高，高等学府就是高。后来我又看，这人画的还真行，于是我就问他："李大叔你叫啥名？""我叫李苦禅。"当时我就蒙了。1994年我写了一篇文章《摇煤球的》，专门说这件事。苦禅先生就是这么一个纯朴至极、大象无形的人，就是老子《道德经》里说的那种大象无形。

1972年，曹禺先生在北京人艺的传达室把大门，身体不太好，周总理特别关照他，叫他到协和医院去住院。我和他讲，李苦禅先生在北京呢，从干校回家了。曹禺先生一说美术界的事，就特别爱提李苦禅先生。我说苦禅先生住的那条胡同离协和医院很近，你们要想见面的话，我就把他请来。他说太好了。于是我就把苦禅先生请到了协和医院，两个大师见了面，这一幕在中国文化艺术史上应是很重要的。

我买了一些碑帖请苦禅先生题词，苦禅先生题了好几本，其中有一本题的是"先天下之忧而忧，后天下之乐而乐"。

崔如琢（李苦禅先生的学生，曾执教于中央工艺美术学院，书画家）：

我把苦禅先生的部分画稿认真地看了一遍，心里有种说不出的感慨。因为我看到很多画，比如说毛边纸、元书纸画的画儿，都是从干校回来在煤渣胡同的中央美院宿舍里画的。

1972年我到煤渣胡同去看苦禅先生，正巧黄胄先生也来了，拿着几张画。苦禅先生看后就跟他谈起了绘画的原则、方法与自己的体会。黄胄先生是来求教的，而苦禅先生无私地把自己的看法讲给黄胄听，为什么黄胄先生对苦禅先生非常尊重？原因就在这里。

王建成（十七岁拜李苦禅先生为师，后复学于李燕门下，擅长写意花鸟）：

我属于苦禅先生晚年收下的小学生，可以说这是我一生中最荣幸的一个机遇，能赶上这么一个好老师。

苦禅先生的成就在美术界已经得到大家的公认，所以给他"宗师"这个称呼我觉得不过分。他具备的特质是别人没有的，他在继承传统写意花鸟画技法的基础上，又添进去雄健、浑厚、清新的格调，摆脱了世俗的束缚，抛弃了写意花鸟画以及对中国画认识的陈规俗套，最终形成今天的画风。

他和八大山人不同的是一生乐观。苦禅先生的一生也很坎坷，生活最窘迫的时候，甚至吃了上顿没下顿，但他的作品里却没有颓丧的表示，没有对社会和生活表达失望，反而充满了希望。"文革"后他仍以乐观的心态表示："我要抓紧时间赶紧画点画儿了，把失去的时间往回补。我还想画几张大画儿，我还要赶紧看几本当年我想看的书。现在赶紧帮我找找,我得赶紧看。"

苦禅先生很少在画上题古人的诗,他画上题的都是自然的道白,这就是他革新的地方,代表了新时期大写意花鸟画的创作态度。苦禅先生的作品有可读性,画面里有文章,他对中国画的理解,我们都可以通过作品读出来。

我有时候会问他,您看我们这画儿今后能画出来吗?我们画什么才是好画儿?大致的出路又在哪儿?他的回答永远是鼓励。他说:"第一,我们画家就是上帝,上帝是创造万物的,画家也是创造万物的,一切美好的东西就看你们如何去创造。只要认为是美的东西,你就可以去创造,在这个问题上你就是上帝。第二,画家常似人中龙,今后一定会大有前途,只要沿着这条路走下去就没有错,务必坚定信心。"

他给我讲过一个故事,唐伯虎跟周东村学画,结果人们都知道了唐伯虎的大名。于是周东村便来帮唐伯虎代笔,画完题名唐伯虎。后来人们问周东村,您这徒弟为什么比您画得还好?周东村说就因为他比我多读了五车书。

苦禅先生说,有时候你可以"胡画",可以漫无边际地画,可以没有成法地画,画着画着,没准你就能画出一个新的思路,画出一种新的表现形式,到那时,离成功就不远了,这也是一种大胆做实验的办法。这些例子说明苦禅先生不仅是一位艺术大师,也是一位教育大师。

有一次,我问苦禅先生,什么画好什么画不好?他说:"我说一简单的道理你就知道了。张三懂画,看了这幅画就说这画儿画得好,李四到那儿一看也说这画儿画得好,王五再看也说好,那这幅画可能就真好。"

李苦禅和他的学生们，左起：范曾、康宁、张国良、龚继先

程茂全（北京书法家协会理事，毕业于首都师范大学书法专业）：

我十二岁拜著名书法家郑诵先生为师。20世纪70年代，诵先先生跟苦禅先生住得很近，当时诵先先生住在月坛北街7号楼，苦禅先生住8号楼，他们之间的感情非常好，来往很密切。苦禅先生知识丰富，学识修养颇深，还爱练武，他天天都到月坛公园练武，练完后便和诵先先生一起聊天，其中就包括书法。为什么苦禅先生的画特别深厚？就是因为他的学识修养渊博，对书法的研究深厚。中国大写意画离不开书法，没有深厚的书法功底，要画好写意画是不可能的。苦禅先生是活到老学到老，章草在苦禅先生的作品里体现得特别深刻，尤其是晚年的作品，所题有章草的笔法，也有《爨宝子》的笔法，线条深厚、厚重、雄浑、高古，那种线条放在他的绘画里非常完美，进一步增强了雄厚大气的感觉。

苦禅先生特别喜欢年轻人。我"插队"时攒了一些鸡蛋，用练字的纸包好，然后给他送去。他便问插队怎么样，因为那时候我才十几岁，苦禅先生的话语亲切，让我很感动。苦禅先生对家乡人的感情尤为深厚，只要是操着家乡口音的人来求画，他一般都给；国家需要他的画，只要一说，他就画；再有就是学生，求苦禅先生的作品都是分文不取。

董必宏（自幼拜李苦禅先生学习中国写意花鸟画，法国猛犸牙雕艺术研究会主席）：

丙辰年（1976年）作为中国近代最重要的年份之一，对我而言也是人生的重要时刻。当时，我和苦禅先生朝夕相处，能为先生研墨理纸，聆听先生的教导，这对我这几十年来的处事为人，起着决定性的作用。近年我一直将苏东坡的"莫听穿林打叶声"与苦禅先生的人生经历两相比较，坡翁之词是以小观大，苦禅先生则实实在在经历数次重大磨难，但是数十年来仍保持童心般的乐观，这与坡翁又何其相似？更为相似的是两人都属于天生的乐观主义者。

以丙辰年为界，之前数年到访者甚少。很多时候，少年的我追随年龄相差近一甲子的老人，看他如何作画，苦禅先生作画是一边画一边产生与画或有关或无关的言论，随画随讲，对我而言这是最值得怀念的时光。

范曾（中国艺术研究院博士生导师，1962年毕业于中央美术学院中国画系）：

庄子不承认要以经验为基础去体道，但是，中国的文论与画论在这一点上却与他不同，如陆机、刘勰直至石涛，都对感官经验异常重视，石涛《画语录》开宗明义，说："山川人物之秀错，鸟兽草木之性情，池榭楼台之矩度，未能深入其理，曲尽其态，终未得一画之洪规也。"其实，所谓绘画的变形，在中国画看来，并不是那么重要，即以梁楷的名作《泼墨神仙》而论，也是十分具象的；即使是八大山人的作品，在西方的前卫派眼里，也不像某些中国评论家说的是什么"大胆变形"。齐白石说过"作画妙在似与不似之间，太似为媚俗，不似为欺世"，其实，白石先生本人正是言与行悖的：他所画的蜻蜓、蚂蚱、飞蛾，不是很"似"吗？简直是"太似"了。以中国文化传统，无论创作主体（画家），还是欣赏主体（观众），他们对绘画还是要求"似"，进一步要求"神似"。重要的并非"似"与"不似"，而是如何"似"？"神似"的要旨又是什么？石涛说是"不似之似似之"，最终所求的还是一个"似"字。在这个"似"字上，实在是大有文章。画家虽不必如庄子游于"无何有之乡"，然而那种神思的状态，那种坐忘人间、坐驰八表，如刘勰所谓的"思理为妙，神与物游"的状态，显然是属于李苦禅的。

庄子以为宇宙万变归为一气的流转，石涛自许"试看笔从烟中过"，这些理念在苦禅先生画中皆有体现。正因如此，苦禅先生的画面上，总是弥漫着一种"笼天地于形内、挫万物于笔端"的氤氲之气，形存神在，而并不斤斤计较"似"与"不似"。至于他的鹰嘴由尖喙变为方整等，也非苦禅先生的本质追逐，而妙得自然之性，才是他的终极目标。庄子以"自然"为体道的最高境界，在《骈拇》一文中论及凫与鹤："是故凫胫虽短，续之则忧；鹤胫虽长，断之则悲。故性长非所断，性短非所续，无所去忧也。"此段论自然之物的名言，可作为花鸟画家的箴言。

应当说，苦禅先生的画面形象较八大山人更具写实性，而其博大恢宏、动人心魄，或不轻让于八大。其根源不在变形与否，而在深悟中国画"物我一如"的要旨。八大是无我之境，苦禅也是无我之境。八大个性与苦禅个性，决不在变形的"不似"之中取得，而在既似创作主体（画家本人）又似创作客体（描写对象）的条件下获得。我想，八大很像他所画的"白眼对青天"的鸟鱼；而苦禅也很像他所画的苍鹭白鹤。这种神韵之似是十分奇妙的。就像苦禅先生天性中的淡泊、清逸、天真、醉意，在他的画中，也仿佛了然在目。而八大、苦禅所写花鸟，都是极神似而又极简练的。由此看来，笔墨的凝练简约并不等于变形，这完全是两个范畴的问题。

我的主要论点是：研究一个艺术家的成败利钝，离开对他心灵的剖析是很难做到的。宛如研究一个画家的画法，你离开他的心灵分析也是很难的。

王国维论词的境界，认为有"有我之境"与"无我之境"。"有我之境，以我观物，故物皆着我之色彩"，这就是潘天寿；"无我之境，以物观物，故不知何者为我，何者为物"，这就是李苦禅。王国维以冯延巳、秦观的词句来说明"有我之境"，而以陶渊明、元好问的词句来说明"无我之境"。他没有评其优劣，但是他以"不失赤子之心"作为词人的极致，其所推重，不言自明。苦禅先生是个"不失赤子之心"的画家，观其言谈行止，憨态可掬而又童心未泯，虽是八旬老翁，依然"如婴儿之未孩"（《老子》）。他在心灵上与潘大寿先生的根本区别在于潘天寿先生理性而清醒，苦禅先生则感发而醉态。

结　语

　　百年，对于人生来说很长，对于人类历史来说又很短。但在近百年的美术界，却发生了很复杂的变化，各种画派、各种艺术主张以前浪接后浪的涌动形成了大浪淘沙的局面，有的甚至在刚一风靡时就被卷走了。其实大家都明白，经得住时间与历史考验的，仍然是立足于民族文化根基的伟大艺术。

　　李苦禅先生一生毫不动摇地捍卫着大写意花鸟画，民族自豪感与执着、开朗的胸怀，成就了他思想的大格局和多种艺术形式的融合能力。李苦禅先生晚年赶上了改革开放的新时代，这激发了他丰沛的精力，点燃了他高昂的热情，促使他创作出《盛夏图》《劲节图》等超越前人的写意巨作，这是个人的成就，更是时代给予他的机会。

　　通观现代美术史，我们常常会提到在社会发展的重大节点以某个时期的优秀绘画为代表，例如：董希文的《开国大典》《春到西藏》，罗工柳的《地道战》，詹建俊的《狼牙山五壮士》……从国画方面来讲，有中华人民共和国成立初期齐白石的《祖国万岁》《和平鸽》，中华人民共和国成立十周年时傅抱石、关山月合作的《江山如此多娇》以及"文革"中李可染创作的《万山红遍》等。我认为李苦禅先生的《盛夏图》《远瞻山河壮》则应列为改革开放之初，中国大写意花鸟画中具有象征意义的作品。

　　李苦禅先生亲自促成了我与李燕的婚姻，十二年与李苦禅先生共同生活的机会，给我提供了完成这本书的底气。写故人，一定要深刻地解析时代背景、性格特点、言谈举止、思想情感……总之很不容易。由于对他太熟悉了，有时会把握不好向读者讲述的尺度，写着写着就陷入某种情绪之中。为了能让读者更客观地了解李苦禅先生，我坚持了一个原则，那就是始终把他的言行放在国家的发展、社会的更替和具体的事物中。虽然很想写好，但由于认识水平和驾驭人物传记类作品的能力有限，不能尽如人意，还请读者批评指正。

完稿之际，感谢协助我工作的李燕、张逸良、龚敬华、丁闪、崔辰等同仁，感谢以杨京岛为总策划的大型电视专题系列片《百年巨匠》摄制组。

2022年盛夏孙燕华于首都

参考书目

◎ 张次溪编:《白石诗草》,袁督师图书馆发行,1933年。
◎ 刘曦林编:《李苦禅纪念文集》,人民出版社,1994年。
◎ 李燕《苦禅大课堂》,学苑出版社,2015年。
◎ 廖静文《徐悲鸿传》,中国青年出版社,2015年。
◎ 李燕《铁骨铮铮百炼成——记苦禅大师》,学苑出版社,2016年。
◎《齐白石全集》,湖南美术出版社,1996年。
◎《李苦禅全集》,人民美术出版社,2016年。